ENZYKLOPÄDIE
DEUTSCHER
GESCHICHTE
BAND 67

ENZYKLOPÄDIE
DEUTSCHER
GESCHICHTE
BAND 67

HERAUSGEGEBEN VON
LOTHAR GALL

IN VERBINDUNG MIT
PETER BLICKLE
ELISABETH FEHRENBACH
JOHANNES FRIED
KLAUS HILDEBRAND
KARL HEINRICH KAUFHOLD
HORST MÖLLER
OTTO GERHARD OEXLE
KLAUS TENFELDE

DIE LANDSTÄNDISCHE VERFASSUNG

VON
KERSTEN KRÜGER

R. OLDENBOURG VERLAG
MÜNCHEN 2003

Bibliografische Information der Deutschen Bibliothek
Die Deutsche Bibliothek verzeichnet diese Publikation in der Deutschen
Nationalbibliografie; detaillierte bibliografische Daten sind im Internet
über <http://dnb.ddb.de> abrufbar.

© 2003 Oldenbourg Wissenschaftsverlag GmbH, München
Rosenheimer Straße 145, D-81671 München
Internet: http://www.oldenbourg.de

Das Werk einschließlich aller Abbildungen ist urheberrechtlich geschützt. Jede Verwertung außerhalb der Grenzen des Urheberrechtsgesetzes ist ohne Zustimmung des Verlages unzulässig und strafbar. Das gilt insbesondere für Vervielfältigungen, Übersetzungen, Mikroverfilmungen und die Einspeicherung und Bearbeitung in elektronischen Systemen.

Umschlaggestaltung: Dieter Vollendorf
Gedruckt auf säurefreiem, alterungsbeständigem Papier (chlorfrei gebleicht)
Gesamtherstellung: R. Oldenbourg Graphische Betriebe Druckerei GmbH, München

ISBN 3-486-55017-9 (brosch.)
ISBN 3-486-55018-7 (geb.)

Vorwort

Die „Enzyklopädie deutscher Geschichte" soll für die Benutzer – Fachhistoriker, Studenten, Geschichtslehrer, Vertreter benachbarter Disziplinen und interessierte Laien – ein Arbeitsinstrument sein, mit dessen Hilfe sie sich rasch und zuverlässig über den gegenwärtigen Stand unserer Kenntnisse und der Forschung in den verschiedenen Bereichen der deutschen Geschichte informieren können.
Geschichte wird dabei in einem umfassenden Sinne verstanden: Der Geschichte in der Gesellschaft, der Wirtschaft, des Staates in seinen inneren und äußeren Verhältnissen wird ebenso ein großes Gewicht beigemessen wie der Geschichte der Religion und der Kirche, der Kultur, der Lebenswelten und der Mentalitäten.
Dieses umfassende Verständnis von Geschichte muss immer wieder Prozesse und Tendenzen einbeziehen, die säkularer Natur sind, nationale und einzelstaatliche Grenzen übergreifen. Ihm entspricht eine eher pragmatische Bestimmung des Begriffs „deutsche Geschichte". Sie orientiert sich sehr bewusst an der jeweiligen zeitgenössischen Auffassung und Definition des Begriffs und sucht ihn von daher zugleich von programmatischen Rückprojektionen zu entlasten, die seine Verwendung in den letzten anderthalb Jahrhunderten immer wieder begleiteten. Was damit an Unschärfen und Problemen, vor allem hinsichtlich des diachronen Vergleichs, verbunden ist, steht in keinem Verhältnis zu den Schwierigkeiten, die sich bei dem Versuch einer zeitübergreifenden Festlegung ergäben, die stets nur mehr oder weniger willkürlicher Art sein könnte. Das heißt freilich nicht, dass der Begriff „deutsche Geschichte" unreflektiert gebraucht werden kann. Eine der Aufgaben der einzelnen Bände ist es vielmehr, den Bereich der Darstellung auch geografisch jeweils genau zu bestimmen.
Das Gesamtwerk wird am Ende rund hundert Bände umfassen. Sie folgen alle einem gleichen Gliederungsschema und sind mit Blick auf die Konzeption der Reihe und die Bedürfnisse des Benutzers in ihrem Umfang jeweils streng begrenzt. Das zwingt vor allem im darstellenden Teil, der den heutigen Stand unserer Kenntnisse auf knappstem Raum zusammenfasst – ihm schließen sich die Darlegung und Erörterung der Forschungssituation und eine entsprechend gegliederte Auswahlbiblio-

grafie an –, zu starker Konzentration und zur Beschränkung auf die zentralen Vorgänge und Entwicklungen. Besonderes Gewicht ist daneben, unter Betonung des systematischen Zusammenhangs, auf die Abstimmung der einzelnen Bände untereinander, in sachlicher Hinsicht, aber auch im Hinblick auf die übergreifenden Fragestellungen, gelegt worden. Aus dem Gesamtwerk lassen sich so auch immer einzelne, den jeweiligen Benutzer besonders interessierende Serien zusammenstellen. Ungeachtet dessen aber bildet jeder Band eine in sich abgeschlossene Einheit – unter der persönlichen Verantwortung des Autors und in völliger Eigenständigkeit gegenüber den benachbarten und verwandten Bänden, auch was den Zeitpunkt des Erscheinens angeht.

Lothar Gall

Inhalt

Vorwort des Verfassers XI

I. *Enzyklopädischer Überblick* 1
  1. Entstehung und Aufstieg 1
  2. Struktur und Funktionen 10
  3. Folgen der Reformation 12
  4. Ein Modell-Landtag (nach Johann Jacob Moser) 13
  5. Übersicht über Landstände 1769 18
  6. Schwächung und Verdrängung nach dem Dreißigjährigen Krieg 27

II. *Grundprobleme und Tendenzen der Forschung* 33
  1. Bestandsaufnahme im 18. Jahrhundert: Johann Jacob Moser 33
  2. Kampf zwischen Konstitutionalismus und Monarchischem Prinzip 36
    2.1 Bundesakte 1815, Friedrich Gentz 36
    2.2 Carl von Rotteck 38
    2.3 Otto von Gierke 39
    2.4 Friedrich Julius Stahl 42
    2.5 Karl Marx, Friedrich Engels, Marxismus ... 44
  3. Stände unter dem Paradigma des siegreichen Absolutismus im Kaiserreich 45
    3.1 Georg von Below 45
    3.2 Felix Rachfahl 47
    3.3 Friedrich Tezner, Wilhelm Schiefer 49
    3.4 Hans Spangenberg 50
  4. Neue Ansätze der Ständeforschung nach dem Ersten Weltkrieg 51
    4.1 Internationale Ständekommission 51
    4.2 Otto Hintze 54

4.3	Otto Brunner	56
4.4	Werner Näf	60
5.	Streit um neue Bewertungen nach dem Zweiten Weltkrieg	61
5.1	Dietrich Gerhard	61
5.2	Francis Ludwig Carsten	62
5.3	Fritz Hartung	65
5.4	Günter Birtsch	65
5.5	Karl Bosl	66
6.	Aktuelle Forschungen: Generalisierungen, Typologien	68
6.1	Michael Mitterauer	68
6.2	Peter Blickle (1)	70
6.3	Gerhard Oestreich	72
6.4	Willem Pieter Blockmans, Karol Górski	73
6.5	Helmut Georg Koenigsberger	76
6.6	Volker Press	78
6.7	Peter Blickle (2)	80
6.8	Bilanz und Erweiterung	81

III. Quellen und Literatur 87

A. Quellen 87

B. Literatur 87

1.	Allgemeines	87
2.	Zeitschriften und Reihen	96
3.	Regionale Darstellungen	97
3.1	Franken	97
3.2	Mitteldeutschland, Thüringen und Sachsen	97
3.3	Niederrhein und Niederlande	97
3.4	Norddeutschland und Niedersachsen	98
3.5	Südwestdeutschland und Oberrhein	99
3.6	Westdeutschland und Westfalen	99
4.	Weltliche Territorien	100
4.1	Anhalt	100
4.2	Ansbach und Bayreuth	100
4.3	Baden	100
4.4	Bayern	101
4.5	Böhmen	103
4.6	Brandenburg	104
4.7	Elsaß	105

4.8	Hessen	106
4.9	Hohenlohe	107
4.10	Hohenzollern-Hechingen und Hohenzollern-Sigmaringen	107
4.11	Jülich-Berg und Kleve-Mark	107
4.12	Kurpfalz und Oberpfalz	108
4.13	Limburg	109
4.14	Lippe	109
4.15	Lothringen und Luxemburg	109
4.16	Mecklenburg	109
4.17	Österreich	111
4.18	Ostfriesland	120
4.19	Pfalz-Neuburg	121
4.20	Pommern	121
4.21	Preußen (Königliches und Herzogtum), Baltische Länder	122
4.22	Rheda	125
4.23	Sachsen und Thüringen	125
4.24	Schleswig-Holstein	128
4.25	Schaumburg	129
4.26	Schlesien	129
4.27	Schweiz	130
4.28	Solms	130
4.29	Welfische Fürstentümer	130
4.30	Württemberg	133
5. Geistliche Staaten		135
5.1	Allgemeines	135
5.2	Bamberg	135
5.3	Basel	135
5.4	Bremen	135
5.5	Essen	135
5.6	Fulda	135
5.7	Hildesheim	136
5.8	Kempten	136
5.9	Köln	136
5.10	Konstanz	137
5.11	Lüttich	137
5.12	Magdeburg	137
5.13	Münster	137
5.14	Osnabrück	138

5.15	Paderborn	139
5.16	Passau	139
5.17	Salzburg	139
5.18	Speyer	140
5.19	Trier	140
5.20	Würzburg	140

Register.............................. 141

Themen und Autoren...................... 145

Vorwort des Verfassers

Das Thema der Landständischen Verfassung erweist sich als sperrig, zeitlich wie räumlich. Es umspannt rund 700 Jahre vom 13. bis zum 19. Jahrhundert und reicht über die Grenzen des Heiligen Römischen Reiches hinaus. Nach einer Erhebung von 1769, die Johann Jacob Moser für 136 Territorien durchführte, gab es noch in 93 Territorialstaaten eine Landständische Verfassung. Um diese Vielfalt zu beherrschen, bedurfte es einer besonderen Schwerpunktsetzung im vorliegenden Band. So ist der *Enzyklopädische Überblick* kurz gehalten; sozusagen als Entschädigung erscheint aber Mosers Erhebung in Tabellenform mit den wichtigsten Angaben zu den einzelnen Ländern. Der Gang der *Forschung* wird ohne Verkürzung dargelegt und abschließend resümiert, so dass der Rahmen und die Ebenen, in denen sich die Landständische Verfassung entwickelte, Profil gewinnen. Der Teil der *Quellen und Literatur* nimmt vergleichsweise breiten Raum ein. Das ist dem Umfang des Themas angemessen. Den Grundstock der Bibliografie, die überarbeitet und ergänzt wurde, stellte freundlicherweise Franz Quarthal zur Verfügung, wofür auch an dieser Stelle Dank gesagt sei. Selbst wenn die Bibliografie von Vollständigkeit weit entfernt bleibt, ermöglicht sie Erstinformation zu den Ländern und Ländergruppen.

Ist die Landständische Verfassung als Begriff schon nicht leicht zu handhaben, so scheint ihre Bearbeitung gegenwärtig auch nicht sonderlich beliebt zu sein, wenn man nach den Neuerscheinungen urteilt. Das ist um so erstaunlicher, als der moderne Parlamentarismus seit dem Ende sozialistischer Diktaturen eine beträchtliche Expansion erlebt. Der historische Rückblick auf seine Vorformen, seine Gewinne und Risiken blieb dagegen zurück. Vielleicht kann dieser Band der *Enzyklopädie* eine Anregung zu neuen Forschungen geben. Die Landständische Verfassung ist wesentlicher Bestandteil des europäischen Parlamentarismus; künstlicher Aktualisierung bedarf sie eigentlich nicht – sie ist aktuell.

Rostock, 31. August 2002

I. Enzyklopädischer Überblick

1. Entstehung und Aufstieg

Die Landständische Verfassung gehört zum europäischen Frühparlamentarismus, der – welthistorisch singulär – auf allen Ebenen gesellschaftlicher Organisation den Regierten politische Mitbestimmung an den Aktivitäten der Regierenden einräumte. Der Frühparlamentarismus reichte von der lokalen wie regionalen Ebene der Kommunen und Landschaften über die Länder bis zu übergreifenden Konföderationen. Selbst wenn seine Verwechslung mit moderner Demokratie zu vermeiden ist, darf er als wichtige Grundlage heutiger Formen politischer Mitbestimmung gelten.

<small>Europäischer Frühparlamentarismus</small>

Frühe Parlamente konnten in Konkurrenz um die Macht fürstliche Herrschaft verdrängen und alteuropäische Republiken errichten, aber die Regel war gemeinsame Ausübung von Herrschaft. Dabei übernahmen Stände und Landstände eine eher ergänzende Rolle, indem sie immer dann auf den Plan traten, wenn fürstliche Herrschaft versagte oder der Unterstützung angesichts neuer öffentlicher Aufgaben bedurfte.

Als im Frühjahr 1231 König Heinrich VI. auf dem Hoftag in Worms die Frage zu entscheiden hatte, ob Territorialherren ohne Einverständnis mit den Großen ihres Landes neues Recht setzen dürften, beriet er sich mit den Reichsfürsten und gab die rechtsverbindliche, schriftlich fixierte Antwort, kein Landesfürst könne Gesetze oder neues Recht erlassen, wenn er nicht zuvor die Zustimmung der Mächtigen des Landes – der *meliorum et maiorum terrae* – eingeholt hätte. Lange galt dieser Reichsspruch als Gründungsurkunde der Landständischen Verfassung, doch wurde zu Recht dagegen eingewandt, dass Landtage mit fester Zusammensetzung und bestimmten Kompetenzen erst viel später entstanden und nicht schon 1231 förmlich gegründet wurden. Immerhin steht außer Frage, dass diese Urkunde politische Mitbestimmungsrechte bestätigte, die zum festen Bestandteil der europäischen Verfassungswirklichkeit gehörten. Sie ist darin der Carta Magna Leonesa des Königreichs León von 1188, der englischen Magna Charta Libertatum

<small>Reichsspruch Worms 1231</small>

<small>Magna Carta
León 1188
England 1215
Ungarn 1222</small>

von 1215 und der ungarischen Goldenen Bulle von 1222 mit vergleichbaren Inhalten zuzuordnen.

Ursprung politischer Mitbestimmung

Politische Mitbestimmungsrechte leiteten sich aus verschiedenen Traditionen her: zum einen aus der überkommenen Verfassung politischer Verbände, zum anderen aus dem Römischen Recht und schließlich aus der Organisation der Kirche. Aus dem antiken Römischen Recht ließen sich Grundsätze politischer Mitbestimmung herleiten. Der aus dem Vormundschaftsrecht stammende Satz *Quod omnes tangit, ab omnibus approbari debet* – was alle angeht, muss von allen gebilligt werden – wanderte im Lauf des 13. Jahrhunderts in den politischen Bereich. Auch die Kirche kannte und praktizierte Partizipation: Papst, Erzbischöfe und Bischöfe wurden in einem förmlichen Verfahren gewählt; große Kirchenversammlungen wie Konzilien hatten festgelegte Kompetenzen und Beratungsregeln.

Politische Mitwirkung der meliores et maiores terrae

Die in der politischen, hierarchisch gestuften Gesellschaft höher Gestellten mussten vor weit reichenden politischen Entscheidungen befragt werden. Sie beanspruchten allmählich die Mitwirkung bei der Gesetzgebung, die Regelung von Herrschaftskrisen einschließlich der Wahl und Absetzung von Monarchen, die Bewilligung außerordentlicher Hilfen und Steuern zur Sicherung unabweisbarer öffentlicher Aufgaben, schließlich die Mitsprache in der Außenpolitik. Allgemein galt die Forderung der Mitwirkung, wann immer *Gedeih und Verderb* des Landes auf dem Spiel standen.

Landesgemeinde

Die zur Mitbestimmung Berechtigten, die *meliores et maiores terrae*, waren in der Definition Otto Hintzes „die wirtschaftlich-sozial und politisch leistungsfähigen und bevorzugten Schichten der Bevölkerung in korporativer Organisation". Durch Landbesitz und lokale obrigkeitliche Autorität zeichneten sie sich aus, verbunden mit der Fähigkeit zu militärischen und finanziellen Leistungen. Sie bildeten die Landesgemeinden mit weitgehend genossenschaftlicher Selbstverwaltung, Verteidigung und Rechtsprechung, aus denen in der Regel die aufsteigenden Fürsten ihre Territorien formten. Nur in Ausnahmefällen gelang es den Landesgemeinden, aus eigener Kraft zu Ländern im Sinne von Staaten mit alteuropäisch-republikanischer Verfassung aufzusteigen – so in der Schweiz, in den Niederlanden, zeitweise in Ostfriesland und in Dithmarschen an der nordfriesischen Küste.

Republiken

Fürstenstaat

Der Auf- und Ausbau fürstlicher Territorialstaaten überforderte so gut wie immer die materiellen Möglichkeiten, bisweilen auch die politischen Fähigkeiten der Landesherren. Sie erhoben einerseits den Anspruch, ihren Ländern *Schutz und Schirm* – inneren und äußeren Frieden – zu gewährleisten, konnten und mussten dafür andererseits von ihnen und ihren Bewohnern *Rat und Hilfe* – politische wie militärische und finanzielle Leistungen – fordern. Das auf Rechtsetzung und Gesetzgebung bezogene Mitbestimmungsrecht der Großen des Landes erweiterte sich damit und wurde sogar zu einer Pflicht. Die Unterstützung des Landesherrn bestand ursprünglich im Wesentlichen aus der Stellung militärischer Macht durch persönliche Heerfolge mit einer dem Landbesitz entsprechenden Zahl an bewaffneten Kämpfern. Mit allmählichem Vordringen der Geldwirtschaft durch Aufstieg der Städte verlagerte sich das Gewicht der Hilfen zunehmend auf Geldmittel. Fanden die Verhandlungen darüber zunächst auf den Landesversammlungen oder auf den Hoftagen statt, so entstanden mit der Häufung der Anforderungen besondere politische Versammlungen, die als Vorformen der Landtage gelten dürfen. Vorformen der Landtage

Früh, in jedem Fall früher als die Fürsten, entwickelten die Stände ein Landesbewusstsein: ein politisches Interesse, das Land als Einheit zu erhalten wie zu sichern und in diesem Rahmen die innere und äußere Friedenswahrung als Grundlage gesellschaftlichen Zusammenlebens zu gewährleisten. Dem standen familiäre Zufälligkeiten der Dynastien als strukturelle Defizite monarchischer Herrschaft entgegen. Es gab keine Sicherheit, dass beim Ableben eines Fürsten ein volljähriger und gesunder Erbe nachfolgte. Wer führte Vormundschaftsregierungen? Familiäre Gerechtigkeit verlangte die Teilung des Erbes, also auch des Landes, unter die Kinder oder wenigstens Söhne des Fürsten, während dem Land Unteilbarkeit frommte. Fürstliche Heiratspolitik führte zu Erbansprüchen und Streit darüber, der auch militärisch ausgetragen wurde und das Land in Mitleidenschaft zog. Politische Fähigkeiten der Regierenden waren individuell unterschiedlich ausgeprägt. Stärke oder Schwäche, Glück oder Versagen wirkten sich unmittelbar auf das Land aus, das Erfolge zu genießen, Misserfolge zu erleiden, in jedem Fall die Folgen zu tragen hatte. Herrschaftskrisen liegen im System der Monarchie. Ihre Risiken aufzufangen und zu mindern, war die politische Aufgabe der Stände und Landstände. Ständisches Landesbewusstsein

Mit der institutionellen Verfestigung ging der korporative Zusammenschluss der Stände einher: es gab feste Mitgliedschaften und Regeln. Das ist auch als Ausdruck der Verfestigung der Ständegesellschaft und als Reaktion auf die politischen Herausforderungen des Landesverbandes zu sehen. Hatten ursprünglich die Landesgemeinde, Wahlversammlungen oder ein enger Kreis von Hofräten Mitbestimmungsrechte wahrgenommen, bildeten sich seit dem ausgehenden 13. Jahrhundert die politischen Stände heraus: der Adel – meistens noch in die Gruppen des hohen und des niederen Adels getrennt – als führende Gruppe in Adel

4 I. Enzyklopädischer Überblick

Städte
Geistlichkeit Militär und Verwaltung; die Städte als Träger wirtschaftlicher Macht mit Geldökonomie; an dritter Stelle die Geistlichkeit – das waren die landsässigen Bistümer und Klöster – als Inhaber geistlicher wie weltlicher Macht in ihrer Rolle als Herrscher über Land und Leute. Gemeinsam bildeten sie zur Durchsetzung ihrer Interessen Unionen, später den Landtag, von denen die Bauern meistens ausgeschlossen blieben. Städtische Zusammenschlüsse sind früh für Böhmen 1281, Pommern 1283 und Braunschweig-Lüneburg 1292 überliefert, danach in Bayern 1307, Münster 1309 und Mecklenburg 1329.

Stufen des Aufstiegs zu vereinbarten, in Privilegien schriftlich fixierten Rechten lassen sich erkennen. Über die allgemeine Anerkennung politischer Mitbestimmung hinaus, stellen die Bedeverträge des 13. Jahrhunderts Herrschaftsverträge dar, die gegenseitige Kompetenzen fixierten. Sie dürfen als älteste Belege für frühe Formen Landständischer Verfassung gelten: 1249 in Schlesien, 1279 in der Grafschaft Schwerin mit der Erwähnung von *milites et vasalli*, 1280 in der Mark Brandenburg, 1292 im Erzbistum Magdeburg. Es folgten 1302 Bayern und 1309 das Bistum Münster.

Bedeverträge

Notfälle für Hilfe Der Fürst musste in bestimmten Notfällen um Hilfe bitten (daher *Bede*), die Landstände hatten sie zu leisten. Ihre Bedingung, die Bede solle nur einmal und nie wieder erhoben werden, ließ sich nicht erfüllen. Als anerkannte Notfälle, in denen die Hilfe nicht verweigert werden konnte, galten Landesnot, Krieg und Gefangenschaft des Landesherrn, Ritterschlag seiner Söhne und Heirat der Prinzessinnen mit dem damit verbundenen Aufwand an Feierlichkeiten, Geschenken und Mitgiften. Diese Fälle traten so oft ein, dass die Bede meistens zu einer ständigen Abgabe wurde, deren Erträge jedoch bald wieder nicht ausreichten. Aus den Bedeverträgen entwickelte sich das Steuerbewilligungsrecht der Stände, die wesentliche Grundlage ihres späteren Aufstiegs zur Teilhabe an der Regierung und der Finanzverwaltung.

Steuern So kam es im 15. Jahrhundert zur Forderung und Bewilligung von Steuern als zweckgebundene außerordentliche direkte Abgaben im Erzbistum Magdeburg 1400, in Österreich 1402, im Ordensland Preußen 1411, im Bistum Osnabrück 1425, im Herzogtum Jülich 1447, in der Mark Brandenburg 1472, in Schlesien 1474, seit 1484 mehrfach in Pommern und Mecklenburg, in der Grafschaft Mark 1486. Der Leipziger Landtag von 1435 bewilligte für Sachsen eine erste indirekte Steuer mit der Akzise.

Staatliche Aufgaben wuchsen an und ließen sich nicht mehr mit den meistens naturalwirtschaftlichen Ressourcen des Lehnsverbandes bewältigen. Mit dem 14. Jahrhundert wurde es militärisch unruhig in

1. Entstehung und Aufstieg 5

und zwischen den Ländern: Das Fehdewesen griff um sich, dessen innere Logik sich kaum erkennen lässt. Es so einfach wie Rousseau im 18. Jahrhundert als *Système absurde* abzutun, geht nicht an. Vielmehr ist es als erster – äußerer – Staatsbildungsprozess zu deuten, politisch als Konzentration von Herrschaft, gesellschaftlich als fortgesetzte Polarisierung des niederen und hohen Adels. Länder oder Landesteile wurden erworben durch Erbschaft, Heirat, Kauf, Anpfändung oder einfach durch Raub. Jede dieser Aktionen verband sich leicht mit Anwendung militärischer Gewalt. Das war teuer. Große Länder wuchsen durch Zugewinn, die kleineren verschwanden. In verwirrendem Gegenzug wurden hingegen Länder wieder durch Erbgang geteilt und damit ohnmächtig. Für die Länder der Kurfürsten immerhin verbot die Goldene Bulle von 1356 Landesteilungen und verwies auf das moderne Prinzip der Staatsbildung: Größe und möglichst Wachstum.
<small>Erster Staatsbildungsprozess</small>

Finanzielle Notlagen waren jedoch nicht nur Ausdruck wachsender staatlicher Aufgaben, sondern sehr oft die Folge politischen Versagens der Fürsten, das sich in militärischen Abenteuern, Zwist in der Herrscherfamilie und verschwenderischem Aufwand bei Hof manifestierte. Damit verbundene Finanzkrisen ließen sich einige Zeit durch Kreditaufnahme und Verpfändungen von Landesteilen umgehen und verheimlichen, doch führte das immer zu einem Schuldenberg, der mit schrumpfenden ordentlichen Einnahmen nicht zu verzinsen, geschweige denn zu tilgen war. Da sollten die Landstände Hilfe leisten. Hierzu waren sie jedoch außerhalb der anerkannten Notfälle nicht verpflichtet, ja ihnen stand in europäischer Tradition ein Widerstandsrecht zu, wenn die Herrschaft ihre Aufgaben nicht erfüllte. So wuchs ihnen politische Verantwortung zu, die weit über bloße Steuerbewilligung hinaus ging. Sie entwickelten und vertraten ein Landesbewusstsein, das sie den Landesfürsten mit ihrem Interesse an beliebiger Nutzung des Landes, auch Teilung unter die Söhne, entgegen setzten. Grundsätzlich, aber insbesondere bei Schwäche der Herrschaft, beanspruchten sie Mitsprache in allen politisch wichtigen Angelegenheiten des Landes. Dazu zählten die Einsetzung des Landesfürsten und seine Verpflichtung auf Einhaltung der Rechte und Privilegien, die Beteiligung an Vormundschaften und Regentschaften, die Mitwirkung an der Verwaltung durch das *Indigenat* – die Besetzung der hohen Ämter mit Einheimischen – wie durch das Verbot von Verpfändung oder Veräußerung von Teilen des Landes. In der Außenpolitik verlangten sie Mitsprache bei Bündnissen und Zustimmung bei Krieg. Eng damit verbunden war erfahrungsgemäß das Recht auf Steuerbewilligung. Innenpolitisch forderten sie Teilhabe an Rechtsprechung und Landfriedenswahrung, dazu das
<small>Finanzkrisen</small>

<small>Widerstandsrecht</small>

<small>Mitsprache in der Politik</small>

Recht auf Beschwerden gegen Amtsführung und Amtsträger des Fürsten. Politische Mitbestimmung erreichte hier eine neue Stufe, indem die Landstände in zunehmendem Maß zu Leistungen herangezogen wurden oder sich im Interesse des Landes an der Regelung von Herrschaftskrisen beteiligten. Ziel war der Erhalt der Einheit des Landes und die Sicherung seiner Grundfunktionen der inneren und äußeren Friedenswahrung. Festere Formen Landständischer Verfassung bildeten sich in den Landtagen aus.

Friedenswahrung

Es wäre der mittelalterlichen Verfassung nicht angemessen, ja verfehlt anzunehmen, die Landtage hätten diese weit reichenden Kompetenzen förmlich fixiert und ständig praktiziert. Vielmehr konnten sie, wenn ein Landesherr *milde* regierte und finanziell haushielt, Jahre und Jahrzehnte ruhen, aber in Vergessenheit gerieten sie nicht und waren jederzeit zu aktivieren. Solche geschickten Fürsten kamen allerdings nicht häufig vor, so dass sich zahlreiche Konflikte zwischen Landständen und Landesherren ergaben. Um diese zu meistern, schlossen sich die Stände zu zahlreichen Einungen oder Unionen zusammen. Bayern gibt ein sehr eindrucksvolles Beispiel ab: schon 1307 begann eine Serie von Einungen aus Adel, Städten und Geistlichkeit, von denen der Friedensbund für ganz Bayern von 1374, die Vereinigung zur Gestaltung der Landesteilungen 1425 und 1429 und die Landtage 1506 und 1511 hervorzuheben sind, welche die Unteilbarkeit des Landes und die Primogenitur festlegten. Den Abschluss bildete die Gesamtföderation der bayerischen Stände 1514.

Einungen: Beispiel Bayern

In den weltlichen Territorien bildeten die Stände Unionen in Braunschweig-Lüneburg 1392, im Ordensland Preußen 1410 und 1454; Cleve und Mark sowie Jülich und Berg schlossen sich seit 1426 mehrfach zusammen. Das deutsche Holstein und das dänische Schleswig vereinten die Stände 1460 *dat se bliven ewich tosamen ungedelt*. Unionen sind auch aus Schlesien 1458, der Lausitz und aus Württemberg 1498 überliefert, aus Hessen 1509 und Tirol 1511. Als Nachzügler kam Sachsen-Lauenburg 1585. Die mecklenburgische Union von 1523 richtete sich gegen Landesteilungen der Herzöge, war lange heftig umstritten und wurde noch 1755 ausdrücklich bestätigt.

Weltliche Territorien

Auch die geistlichen Territorien kannten Unionen. In Münster vereinigten sich 1309 Domkapitel, Ritterschaft und Städte; der Bischof trat 1370 bei. In Köln bildeten seit 1437 Ritter und Städte Unionen, an denen sich 1463 auch der Erzbischof und das Domkapitel beteiligten. In Salzburg findet sich der Beleg für 1403, in Paderborn 1413, Osnabrück 1423, Trier 1463 und schließlich Minden 1595.

Geistliche Territorien

1. Entstehung und Aufstieg 7

Sicher ist die Aufzählung der Belege unvollständig. Aber auch ohne Komplettierung wird deutlich, dass die Landständische Verfassung ihre Wurzeln nicht nur in den alten Landesgemeinden genossenschaftlicher Struktur und den Hoftagen der Herrscher hatte, sondern auch in den Einungen und Unionen, den freiwilligen Zusammenschlüssen der Regierten zur Wahrung der Landesinteressen gegenüber den Regierenden. Doch auch die Landesherren forderten und förderten häufig die Ausbildung einer Landständischen Verfassung. Denn *Rat und Hilfe*, und das waren zunehmend außerordentliche Finanzmittel, ließen sich ohne Zustimmung der Großen, versammelt auf dem Landtag, nicht erlangen. Die Institutionalisierung politischer Partizipation wurde somit Bestandteil mittelalterlicher wie neuzeitlicher Staatsbildung.

Auf die äußere Staatsbildung folgte die innere im 16. Jahrhundert, die „Intensivierung des Staatsbetriebs", wie Otto Hintze sie treffend nannte. Neue Herausforderungen erweiterten die öffentlichen Aufgaben. Reformation und Konfessionskonflikte, soziale Unruhen wie der gefährliche Bauernkrieg, Polarisierung der Gesellschaft durch Frühkapitalismus, Inflation und Bevölkerungsdruck, Bedrohung von außen durch die Türken einhergehend mit der „militärischen Revolution" (Michael Roberts, Geoffrey Parker) zur Schaffung der modernen, überaus kostenintensiven Söldnerheere – alle diesen Prozessen eignete ein Krisenpotenzial, das sich mit traditionellen politischen Mitteln nicht meistern ließ. Auf die neuen Probleme der inneren Ordnung wie der äußeren Sicherheit reagierte der frühmoderne Staat durch Ausweitung seiner Kompetenzen in Richtung auf eine Allzuständigkeit im Rahmen der älteren Policey (Gerhard Oestreich). Kennzeichen dieser inneren Staatsbildung waren Verrechtlichung, Bürokratisierung, Rationalisierung und moderne Finanzierung durch Aufbau des Steuerstaates, der den älteren Domänenstaat ablöste.

Grundlegende Prozesse wie diese ließen sich ohne Konsens der Regierten nicht durchsetzen. Daher erlebten die Landstände im 16. Jahrhundert einen beispiellosen Aufstieg, der ihnen für lange Zeit ständige Teilhabe an der Herrschaft durch Mitregierung und eigene Verwaltungsorganisation erbrachte. Eindruckvollstes Beispiel hierfür bietet der württembergische Landtag mit dem Tübinger Vertrag von 1514. Die vom Fürsten verschuldete Staatskrise gipfelte im Bauernaufstand des *Armen Konrad* und ließ sich erst durch einen neuen Herrschaftsvertrag mit den Landständen überwinden. Darin erhielten sie ständige Mitregierung eingeräumt und übernahmen im Gegenzug die fürstlichen Schulden als Staatsschuld zur Konsolidierung und Abtragung. Zwar blieben die Belange der Bauern unberücksichtigt, aber der

Marginalien: Drei Wurzeln Landständischer Verfassung; Innere Staatsbildung; Policey; Aufstieg der Landstände; Württemberg 1514

8 I. Enzyklopädischer Überblick

Machtgewinn der Landstände

Landtag ist Geldtag

Aufbau des Steuerstaates

Bestand des Territoriums war gesichert. Für Jahrhunderte galt der Tübinger Vertrag als Grundgesetz politischer Partizipation. Der Machtgewinn auch der anderen Landstände war erheblich. Die sich ausweitenden öffentlichen Aufgaben berührten vielfach *Gedeih und Verderb* des Landes. Die Reformation mit allen ihren Konsequenzen für Konfession und Bildung, Verfassung, Verwaltung und Finanzen konnte nur mit Zustimmung der Landtage eingeführt werden (alleinige Ausnahme bildet die Pfalz). Aufbau einer leistungsfähigen Rechtsprechung, Ordnungspolitik in der Wirtschaft und insbesondere die Mobilisierung erforderlicher Ressourcen für die Innen- wie Außenpolitik ließen sich nur in enger Kooperation zwischen Fürsten und Ständen durchsetzen. Landtage traten häufig zusammen und entwickelten dabei feste Regeln ihrer Zusammensetzung und ihrer Verfahrensweisen. Ihre Mitwirkung erstreckte sich auf alle politischen Angelegenheiten des Landes, aber zum wichtigsten Tätigkeitsfeld wurden die Staatsfinanzen. Landtag wurde Geldtag, denn die Dynamik der Staatsbildung wie die neuen außenpolitischen Herausforderungen ließen sich mit den Finanzmitteln des traditionellen Domänenstaates nicht bezahlen. Steuern – ursprünglich außerordentliche, einmalige und zweckgebundene Hilfen – wurden unverzichtbar und avancierten allmählich zum wichtigsten Posten regelmäßiger Staatsfinanzierung.

Alleiniges Recht auf Bewilligung von Steuern hatten die Landstände. Sie beteiligten sich maßgeblich am Aufbau des modernen Steuersystems. Hier wirkten die Türkensteuern des Reiches als Schrittmacher, indem die Beschlüsse des Reichstages seit 1530 sowohl die Steuermodi wie die Beteiligung der Landstände an Festsetzung und Einbringung der Steuern als Rahmengesetz vorschrieben. Die geforderte Besteuerung nach der Leistungsfähigkeit führte zu umfangreichen Erhebungen des Vermögens der Steuerpflichtigen und damit zu einer weiteren Bürokratisierung staatlicher Aktivität, an der die Landstände beteiligt waren oder die sie in eigener Regie durchführten. Das Instrument außerordentlicher Besteuerung ließ sich über die Zwecke des Reiches hinaus auch für Belange des Landes einsetzen und führte letztlich in den Steuerstaat. An seinem Aufbau als Finanzstaat (Gerhard Oestreich) und seiner Konsolidierung hatten die Landstände wesentlichen Anteil, aber als Gewöhnung und Routine der Steuererhebung und -leistung eintraten, als mit dem Dreißigjährigen Krieg die Militärsteuer der Kontribution als ständige Last durch Zwang erhoben wurde, verloren die Landstände ihre Macht. Ihr Abstieg begann. Darauf wird zurückzu kommen sein.

1. Entstehung und Aufstieg 9

Fürstlicher Staatsbildung entzogen sich auf Dauer mit Erfolg die schweizerische Eidgenossenschaft, die nördlichen Niederlande, mit zeitweisem Erfolg Ostfriesland und Dithmarschen. Sie lassen sich als alteuropäische Republiken betrachten, als genossenschaftliche Alternativen zur fürstlich-herrschaftlich geleiteten Staatsbildung. Die Schweiz bildete seit dem 14. Jahrhundert einen Bund von Ländern, für den es seit 1370 Bundesgesetze gab. Von 1481 an fanden regelmäßige *Tagsatzungen*, Bundesversammlungen statt. Ihre Beschlüse mussten einstimmig gefasst, danach von den Ländern und Städten ratifiziert werden. Die faktische staatliche Unabhängigkeit fand im Westfälischen Frieden 1648 ihre rechtliche Anerkennung. In den Niederlanden berief der Herzog 1463 erstmals die Generalstände ein und vereinigte damit die Stände der Einzelprovinzen. Ausgestattet mit dem großen Privileg von 1477, konnten die Generalstände im 16. Jahrhundert den Widerstand gegen die Habsburger organisieren. Die nördlichen Provinzen erklärten und erkämpften die staatliche Unabhängigkeit als Republik, die ebenfalls im Westfälischen Frieden anerkannt wurde. Ostfriesland war eine Landesgemeinde, die ihre politischen und rechtlichen Anliegen ohne Fürsten auf den jährlichen Versammlungen, dem *Upstalbom*, regelte. Doch führten Rivalitäten der Großen des Landes – der *Häuptlinge* – dazu, durch Beschluss der Versammlung 1454 Edzard Cirksena als Fürsten und Schiedsrichter einzusetzen.

Dithmarschen hatte ähnliche Voraussetzungen: Es war eine Bauernrepublik mit dem Erzbischof von Bremen als einem entfernten Landesherrn ohne politischen Einfluss. Mit dem Landrecht von 1447 wurden 48 so genannte Ratgeber als oberste Richter eingesetzt, die bald politische Funktionen an sich zogen. Beim Papst erreichten sie 1476 die Anerkennung Dithmarschens als freier Staat und bezeichneten sich später konsequent als *Regenten* und *Obrigkeit*. Ihr größter Triumph war sicher der militärische Sieg von 1500 über das Fürstenheer, aber 1559 unterlagen sie dem Angriff des Königs von Dänemark und der Herzöge von Schleswig-Holstein, die keine Republik in ihrem Machtbereich dulden wollten. Die staatliche Unabhängigkeit war verloren, aber Dithmarschen behielt weit gehende Selbstverwaltungsrechte – ähnlich den benachbarten Landschaften. Auf den Landschaftsversammlungen dominierten die Bauern bei Abwesenheit des Adels und zahlenmäßiger Schwäche der Städte.

Die hier geltende, bis weit in das 19. Jahrhundert funktionsfähige Landschaftliche Verfassung war viel weiter verbreitet, als der einseitige Blick auf die Landständische Verfassung mit Landtagen lange vermuten ließ. Es ist das Verdienst Peter Blickles, die Landschaften mit poli-

Republiken Schweiz

Niederlande

Ostfriesland

Dithmarschen

Landschaftliche Verfassung

tischen Mitbestimmungsrechten gerade der Bauern dem Vergessen entwunden zu haben. Er wies sie in großer Anzahl vor allem in Oberdeutschland nach. Unter ihnen ragt jene der Fürstabtei Kempten hervor.

2. Struktur und Funktionen

Dreikuriensystem des Landtages

Zentrale Institution der Landständischen Verfassung war der Landtag. Er setzte sich in der Regel aus drei Kurien oder Kollegien zusammen: Adel, Geistlichkeit, Städte. Dieses klassische, von Otto Hintze so genannte Dreikuriensystem bedarf der Differenzierung. Es galt vor allem in den weltlichen Fürstentümern, aber auch dort gab es Abweichungen. In den österreichischen Ländern und in Schlesien bildete der Adel keine Einheit, sondern teilte sich in den hohen Adel der Herren und den niederen der Ritter; in Schlesien kam der Fürstentag als eigene Vertretung der Teilfürstentümer hinzu. In den geistlichen Territorien des Reiches spielten die Domkapitel als Wahlgremien der Landesherren – Erzbischöfe und Bischöfe – eine besondere Rolle und sind damit dem Kurfürstenkolleg auf Reichsebene vergleichbar. Damit nahmen sie ständische Rechte wahr, rechneten sich aber mehr der Herrschaft zu, insbesondere wenn die Geistlichkeit eine eigene Kurie bildete. Das war meistens der Fall, nur in Osnabrück und Paderborn vertraten die Domkapitel zugleich alle Prälaten.

Vertretung der Bauern

Bauern hatten im allgemeinen keinen Zugang zu den Landtagen. Doch waren sie in Tirol und in den habsburgischen Vorlanden über ihre Gerichte, in Ostfriesland als Hausmannsstand vertreten. In Württemberg, zeitweise auch in Baden, konnten bäuerliche Interessen über die Wahlversammlungen der Städte und Ämter vermittelt werden; und im Rahmen der Landschaftlichen Verfassung waren sie sehr viel breiter zu artikulieren und wahrzunehmen, als der alleinige Blick auf die Landständische Verfassung zu erkennen gibt.

Stände verkörpern und repräsentieren das Land

Lange wurde darüber gestritten, ob die Stände das Land *waren* oder *vertraten*. Beides war der Fall. Denn der Adel hatte die persönliche Standschaft und erschien auf den Landtagen ebenso wie auf den früheren Landesversammlungen oder Hoftagen in Person – das konnten alle volljährigen und waffenfähigen Herren und Ritter oder das jeweilige Oberhaupt adliger Familien sein. Frei und ohne bindendes Mandat versammelt, waren sie das Land, bis die anderen Großen des Landes – Geistlichkeit und Städte – hinzu traten. Auch die Prälaten, die landsässigen Bischöfe und Äbte, waren durch ihr Amt und ihre

2. Struktur und Funktionen 11

Herrschaft Mitglieder der Landtage. Die Städte hingegen mussten Abgeordnete förmlich wählen. Das konnte auf großen Wahlversammlungen geschehen – wie in Württemberg von Stadt und Amt – oder im kleinen Kreis von Stadträten. Selbst wenn häufig Bürgermeister und Ratsherren als Obrigkeiten ihrer Kommunen zum Landtag reisten, erhielten sie dafür ein Mandat, meistens ein imperatives mit begrenzter Vollmacht für Steuerbewilligungen, verbunden mit einem Katalog von politischen Beschwerden, für deren Abstellung der Landtag sorgen sollte. Diese Deputierten vertraten das Land, genauer seinen bürgerlich-städtischen Teil. Das galt in gleicher Weise für bäuerliche Repräsentation.

Das Gewicht der auf dem Landtag versammelten Stände hing ganz wesentlich von der Sozialstruktur des betreffenden Landes ab, doch auch vom Umfeld der Reichsverfassung und von außenpolitischen Verflechtungen. Die Formulierung und schließliche Durchsetzung von Teilinteressen in Verbindung mit den zum Gemeinwohl erhobenen Zielsetzungen besagte in den agrarischen Gebieten des Nordostens mit dominierendem Adel etwas anderes als in den urbanisierten Ländern des Südens und Westens mit starken Städten. Mochten sie im Kern ständischer Werte und Ziele übereinstimmen, so führten ihre gesellschaftspolitischen Vorstellungen in entgegen gesetzte Richtungen. Im Südwesten des Reiches mit starker territorialer Zersplitterung und noch spürbarer Stärke des Kaisers strebte der Adel erfolgreich nach Reichsunmittelbarkeit und schied aus dem Landesverband aus. So verließ der gestärkte Adel in Württemberg den Landtag und ließ ihn zu einem bürgerlich dominierten Frühparlament werden. In anderen Gebieten gab die Reichsunmittelbarkeit der Ritterschaft Raum für die Ausbildung Landschaftlicher Verfassung mit starker bäuerlicher Repräsentation.

Unterschiedliche Sozialstruktur in agrarischen und urbanisierten Gebieten

Wirtschaftliche Konjunkturen und Krisen beeinflussten das Ausmaß und die Gegenstände öffentlicher Aufgaben, an deren Benennung, Erörterung und schließlicher Lösung die Landtage teilhatten. Sie brachten mit ihren Gravamina die Beschwerden der Regierten zu Gehör und verlangten Abhilfe durch Ordnungspolitik im Wege der Policey. Staatliche Finanzkrisen ließen sich nur durch ihre Bewilligung außerordentlicher Abgaben meistern.

3. Folgen der Reformation

Reformationsein-führung nur durch Landtagsbeschluss

Besondere Dynamik der Entwicklung ist in der Frühen Neuzeit festzustellen, die für das 16. Jahrhundert mit Aufstieg, für das 17. mit Niedergang bezeichnet worden ist. Die Reformation setzte einschneidende Veränderungen in Gang. Ihre Einführung geschah in aller Regel nicht ohne Beschluss des jeweiligen Landtages, ebenso wenig die Verabschiedung der nachfolgenden Kirchenordnungen. Konnte kein Konsens erreicht werden, suchten Landstände Toleranz der evangelischen Religion für sich und ihre Herrschaftsgebiete durchzusetzen. In Bayern gelang das nicht, hingegen in den österreichischen Ländern bis in den Dreißigjährigen Krieg. In Böhmen scheiterte der Versuch, staatliche Unabhängigkeit nach dem Modell der Niederlande zu erringen, in der Schlacht am Weißen Berg 1620. Der Sieg der Gegenreformation führte zur rigorosen Rekatholisierung durch die Habsburger Monarchie.

Toleranz

Folgen der Reformation

Wo die Reformation eingeführt wurde, wandelten sich Zusammensetzung und Rolle der Landtage, indem die Geistlichkeit entweder ganz ausschied oder als Gruppe von Amtsträgern verblieb, welche – je nach Verfügung über säkularisierte Klöster – dem Adel oder der fürstlichen Bürokratie angehörte. Das stärkte meistens den Adel zu Lasten des Bürgertums. Die Landtage selber wurden dadurch jedoch nicht geschwächt, da ihnen über die nun staatliche Kirche neue öffentliche Aufgaben im Bereich von Konfession, Bildung und Armenfürsorge zuwuchsen. Damit erweiterte sich die innenpolitische Zuständigkeit der Policey. Mit dem Aufbau der neuen Kirche verbanden sich Fragen der gemeinnützigen Verwendung des Kirchenvermögens und der Sanierung der staatlichen Finanzen.

Finanzstaat

Hier war seit längerem und unabhängig von Konfessionskonflikten der Zug in den Finanzstaat spürbar, das heißt die Probleme der Staatsfinanzierung erlangten höchste Priorität. Sowohl das Reich wie die Reichsstände forderten in rascher Folge außerordentliche Mittel von den Untertanen, um die wachsende Flut öffentlicher Aufgaben finanzieren zu können. Schrittmacher waren die Türkensteuern zur militärischen Abwehr der Türkengefahr. Die erforderlichen Mittel erreichten solche Ausmaße, dass der Reichstag 1530, 1542 und 1544 nicht nur verbindliche – über Jahrhunderte gültige – Grundsätze direkter Besteuerung beschloss, sondern auch die Beteiligung der Landstände an Bewilligung und Erhebung festlegte. Steuern als außerordentliche Lasten mussten von den Ständen bewilligt werden, da sie einen Eingriff in das Eigentum darstellten.

Steuerersuchen und Bitten um Übernahme von Schulden wussten die Ständeversammlungen wirksam mit Gegenforderungen zu verbinden, so dass sich nicht nur eine Stabilisierung ihrer Mitbestimmungsrechte ergab, sondern teilweise der Aufbau eigener Behörden und Kassen mit fiskalischen, also staatlichen Aufgaben. Ständige Ausschüsse, unterstützt von Syndici – in Württemberg Landschaftskonsulenten –, übernahmen die Funktion von Mitregierungen. Die verbreiteten ständischen Landkasten oder Kreditwerke fungierten als frühe Banken, die Staatsschulden konsolidierten, aus Steuermitteln den Kapitaldienst leisteten und darüber hinaus Möglichkeiten zur Geldanlage boten. Wenn überhaupt von einem Dualismus von Landesherren und Landständen gesprochen werden kann, ist er auf dem Gebiet öffentlicher Finanzen berechtigt. Denn ein wesentlicher Teil staatlicher Souveränität ging mit der Erhebung und Verwaltung der Steuern – ein wachsender Bereich öffentlicher Finanzen – in die Hand der Stände über.

Steuerverwaltung der Stände

Landkasten Kreditwerke als Banken

4. Ein Modell-Landtag (nach Johann Jacob Moser)

Feste Form und Struktur hatte die Landständische Verfassung im 16. Jahrhundert gefunden. Die frühmodernen Landtage und verwandten Versammlungen beschrieb Johann Jacob Moser (1701–1785) noch 1769 modellhaft wie folgt [83: MOSER, Reichs-Stände, 1496–1519, sprachlich modernisiert und leicht gekürzt]:

Es gibt Länder mit getrennten Landtagen und auch Länder mit gemeinsamen Landtagen. Die Einberufung gehört zur Landeshoheit, sie geschieht im Namen des Landesherrn nach Ermessen des Fürsten oder auf Bitten der Landstände. Der Termin richtet sich entweder nach Verträgen oder wird vom Landesherrn bestimmt, doch nicht in der Ernte- oder Saatzeit oder im Winter. Der Tagungsort ist durch Verträge festgelegt, der Landesherr kann davon nicht ohne Zustimmung der Stände abgehen. Zur Vorbereitung finden Versammlungen der einzelnen Stände statt, sie wählen die Deputierten, erteilen Vollmachten und Instruktionen. Der Landesherr nimmt entweder persönlich teil oder schickt Kommissare. Die Landstände sind zur Teilnahme verpflichtet und an Landtagsbeschlüsse gebunden.

Der Adel erscheint – je nach Verfassung – in Person. In der Geistlichkeit werden Frauenstifter durch Pröpste oder evangelische Klostervögte vertreten. Bevollmächtigte entsenden: 1. Kommunen wie Städte und Ämter, „welche kein sie repräsentirendes Haupt haben", 2. Edelleute mit *Vota curiaria*. Die Abgeordneten melden sich bei Hof, bei der

Einberufung

Wahlversammlungen

Adel
Geistlichkeit
Städte

Kanzlei oder bei der Landschaft und geben ihre Vollmachten ab. Diese werden geprüft, zu den Landschaftsakten genommen oder zur Herrschaft gegeben.

Eröffnung — Die Eröffnung des Landtages geschieht in feierlicher Form. Meistens wohnen Herrschaft und Landstände einem gemeinsamen Gottesdienst bei. Von dort gehen sie in ihren Tagungsraum. Dort lässt der Landesherr einen Vortrag durch seinen Minister halten, allgemein und kurz. Die Anforderungen werden schriftlich übergeben. Die Stände erklären, sie wollen sie einsehen, überlegen und sich dazu erklären. Die vornehmen Landstände werden zum Mittag zur herrschaftlichen Tafel gebeten, die anderen bei Hof bewirtet.

Beratungen — Die Beratungen gestalten sich unterschiedlich. Gemeinsame Sitzungen finden in Württemberg statt, meistens gibt es jedoch verschiedene Räume für die Kollegien. Prälaten und Ritterschaft tagen häufig gemeinsam, Städte davon getrennt. Plenarsitzungen gibt es entsprechend den Landesverfassungen. Die Tagungszeiten können nachmittags oder vormittags sein. Die Länge der Landtage reicht von Tagen bis Wochen, Monaten und Jahren.

Themen der Beratungen — Die Materien der Beratungen kommen vom Landesherrn wie von den Ständen. Häufig gibt es Streit über die Abfolge. Die Stände verlangen Abstellung ihrer Beschwerden vor einer Bewilligung. Vom Landesherrn werden fast überall folgende Themen verlangt:
1. Geldbewilligungen
2. Gutachten zu *Wohl und Wehe* des Landes

Von den Ständen hingegen:
1. Beschwerden, dass die Landesfreiheiten gekränkt werden
2. Wünsche und Bitten, die Herrschaft möge das eine oder andere bewilligen

Die Materien der Beratungen sind weitläufig:
– Persönliche und Familiensachen des Landesherrn: Vormundschaften, Erbhuldigung, Bestätigung der Landesfreiheiten;
– Regierungs- und Staatssachen: in- und ausländische, je nach den Rechten der Landstände, landesherrliche Verwaltung, Landespolitik, Bündnis- und Kriegssachen;
– Landschafts-Verfassungssachen: Rechte der Landstände und der Ausschüsse, Land- und Ausschusstage, Verwaltung der Landeskasse;
– Religions- und Kirchensachen: insbesondere wenn der Landesherr nicht die Religion des Landes hat, Erhaltung der Landesreligion, Hofgottesdienst, Verwaltung des Kirchengutes, fremde Religionsverwandte, Religionsbeschwerden;

4. Ein Modell-Landtag (nach Johann Jacob Moser) 15

- Gesetze und Ordnungen: neue zu erlassen, alte zu erläutern, zu verändern und zu verbessern;
- Justizsachen: Besetzung der hohen und niederen Gerichte, Sorge für unparteiische Justiz;
- Militärsachen: gehören zu den häufigsten und beschwerlichsten Dingen. Die Reichsstände verlangen immer mehr Soldaten, immer mehr Geld für Rekruten, weitere Lasten wie Quartier, Servisgeld, Kasernen, Kriegsfrondienste, Lager, Artillerie, Invaliden;
- Geldsachen: sie sind die größte Rubrik. Kammerbeiträge, Schuldenübernahmen, Präsente für den Herrn, Subsidien, Gelder für die Gemahlin, Kinder und fürstliche Verwandte, Reichs-, Kreis-, Militär-, Fräulein- und andere Steuern, Akzise, Lizent, neue Auflagen und Erhöhung der alten, Residenz- und Bergbau-, auch Straßen- und Reparaturgelder, Kammerzieler, Reichstags- und andere Gesandtschaftskosten;
- Kameralsachen: Verbesserung und Verwaltung der herrschaftlichen Einkünfte, unter Verhinderung neuer schädlicher Finanzprojekte.
- Forst- und Jagdsachen: Wildschaden, Exzesse der Forst- und Jagdbedienten, Übermaß der Forst- und Jagdfronen, Eingriffe in die Forst- und Jagdrechte der Kommunen und des Adels, Verödung der Wälder;
- Policeysachen: Handel, Handwerk, Münze, Ruhe und Sicherheit, Kleider-, Hochzeits-, Tauf- und dergleichen Ordnungen.

Der Landesherr kann nicht verlangen, selber oder durch Vertreter den Beratungen beizuwohnen oder in seiner Anwesenheit abzustimmen. Wenn er es erzwingt, haben die Stände das Recht, solche Beschlüsse zu widerrufen und in höherer Instanz die Aufhebung zu beantragen. Die Verhandlungsweise der Stände unter sich richtet sich nach dem Herkommen. Wo die Stände in einem Kollegium sitzen, werden die Geschäfte in einem Ausschuss vorberaten und dann in das Plenum gebracht. Tagen die Stände getrennt, berät jeder für sich und gibt sein Gutachten oder seine Erklärung dem Landesherrn oder – das ist das Übliche – sie geben einander Nachricht über ihre Beschlüsse und verhandeln so lange mit einander, bis sie eine gemeinsame Antwort gefunden haben. In den Kollegien entscheidet die Mehrheit, doch kann kein Stand in Angelegenheiten seines Nutzens oder Schadens überstimmt werden. Bei Stimmengleichheit der Kollegien kann der Landesherr den Ausschlag geben, wenn er keinen unmittelbaren Nutzen oder Schaden davon hat.

Beratungen ohne Fürsten

Gegenüber dem Landesherrn dürfen die Stände nicht zu mündlichen Verhandlungen genötigt werden. Sie haben die Freiheit, ihre

Schriftlichkeit

Vorstellungen schriftlich vorzubringen, obgleich mündliche Verhandlungen die Sache beschleunigen. Die Stände müssen genug Zeit zu Beratungen und zu Entscheidungen haben. Die Stände sollen hingegen die Geschäft nicht ohne Not in die Länge ziehen, um Diäten und Annehmlichkeiten länger genießen zu können. Die Bevollmächtigten sind nicht zu nötigen, ihre Vollmachten und Instruktionen zu überschreiten, insbesondere wenn keine Gefahr herrscht, die es nicht gestattet, neue Instruktionen zu holen.

Imperative Mandate

Freiheit der Beratungen

Die Freiheit zu reden und zu schreiben, wie es die Umstände erfordern, muss den Landständen unbenommen sein, doch haben sie den gebührenden Respekt gegenüber der Herrschaft zu wahren. Es verstößt nicht gegen den Respekt, wenn Beschwerden gegen „böse Ministers und andere Rathgeber" oder schädliche Leute namentlich vorgebracht werden.

Unterbrechung des Landtages

Der Landtag kann für kurze Zeit unterbrochen werden, etwa über Feiertage oder während der Ernte. Der Landtag kann vorläufig geschlossen werden mit der Bedingung, dass er nach Gutbefinden des Landesherrn oder bei bestimmten Fällen wieder einberufen wird und dann die unerledigten Geschäfte regelt. Die *Zerreißung* des Landtages geschieht, wenn Herr und Land sich nicht einig werden können und unverrichteter Dinge auseinander gehen oder wenn die Herrschaft oder ihre Kommissare oder die Landstände in Unwillen oder Trotz ohne Anzeige oder Erlaubnis abreisen.

Förmlicher Landtagsabschied

Wird man sich einig, gibt es einen ordentlichen Schluss des Landtages, entweder durch eine herrschaftliche Finalresolution mit Entlassung der Landstände oder meistens durch einen förmlichen Landtagsabschied, der das Wesentliche der Landtagsverhandlungen enthält. Den Entwurf fertigt die Herrschaft an, muss ihn dann den Ständen vorlegen, die Einwände dagegen erheben können. Die Landstände können nicht genötigt werden, etwas in den Abschied gelangen zu lassen, mit dem sie nicht einverstanden sind. Am Ende des Abschieds wird die Zustimmung der Landstände erwähnt. Ist das Konzept fertig, werden die Originale in der herrschaftlichen Kanzlei ausgefertigt. Ihre Anzahl richtet sich nach dem Herkommen, die Herrschaft erhält eines, die Landstände auch eines, bisweilen mehrere für jeden Stand eines. Die Unterschrift leistet der Landesherr, manchmal auch zusätzlich Deputierte der Landstände. Die Besiegelung nimmt niemals der Landesherr allein vor, sondern auch einige Deputierte im Namen aller Landstände. Haben die Landstände ein eigenes Siegel, wird nur dieses neben dem herrschaftlichen angehängt. Manchmal wird vereinbart, den Landtagsabschied im Druck zu veröffentlichen oder den Städten und Ämtern gedruckte

4. Ein Modell-Landtag (nach Johann Jacob Moser) 17

Exemplare mit herrschaftlichem Siegel zu senden. Ist etwas vertraulich vereinbart, das nicht öffentlich bekannt werden soll, wird es in einen Nebenabschied gebracht.

Die Kosten der Landtage betreffen entweder den Fürsten oder das Land und sind oft hoch, zumal wenn Landtage viele Monate oder Jahre dauern. Der Herr hat die Kosten für sich selbst und seine Kommissare zu tragen. Früher mussten die Landstände die ganze Zeit bei Hof gespeist werden, doch ist das nirgends mehr üblich. Dagegen muss die Herrschaft hier und da bestimmten Landständen oder ihren Deputierten täglich eine bestimmte oder vereinbarte Summe zahlen. Mit den anderen Kosten wird es verschieden gehalten. Die Ausschüsse bekommen ihre Kosten aus der Landeskasse, Deputierte und Bevollmächtigte werden von ihren Auftraggebern bezahlt. Andere, die nur für ihre Person erscheinen, müssen ihre Kosten selber tragen. Die landesherrliche Kanzlei erhält Gebühren und Präsente; ganz zu schweigen von anderen Geschenken und geheimen Ausgaben.

Kosten

Selten werden Landtagsabschiede durch den Kaiser bestätigt. Dazu werden sie dem Reichshofrat übergeben, der dem Kaiser ein Gutachten erstattet. Wenn ein Abschied viele wichtige Dinge enthält, ist dies nützlich, aber die Gebühren sind hoch.

Kaiserliche Bestätigung

Neben den Landtagen gibt es Ausschusstage, das sind Zusammenkünfte der engeren oder größeren Ausschüsse. Sie tagen nach eigener Entscheidung. Sie benötigen Vollmachten, wenn sie über ihre Kompetenzen hinaus Beschlüsse fassen sollen. Wo Ausschüsse den Landtag ersetzen, fordert der Landesherr von den Landständen Vollmachten für die Ausschusstage. Die Materien sind die der Landtage, dienen der Vorbereitung der Landtagsberatungen oder sind Routineangelegenheiten.

Ausschusstage

Außerdem können Tagungen der einzelnen Stände stattfinden, entweder im Plenum oder durch Deputierte. Das sind besondere Versammlungen der Geistlichkeit, der Ritterschaft oder der Städte; sie beruhen auf Verträgen oder dem Herkommen eines jeden Landes. Die Materien sind die der Landtage und dienen der Vorbereitung der Landtage. Es gibt keine Kommunikation mit dem Landesherrn und verbindlich sind die Beschlüsse nur für den jeweiligen Stand.

Tagungen einzelner Stände

Damit endet Mosers Schilderung des typischen Landtages im 18. Jahrhundert, dessen Verlauf aber schon seit dem Beginn des 16. Jahrhunderts häufig belegt ist. Seine Darstellung wird ergänzt durch tabellarische Zusammenfassung seiner Erhebung über die 1769 im Heiligen Römischen Reich noch vorhandenen Landstände.

5. Übersicht über Landstände 1769

(nach 83: MOSER, Reichs-Stände, 359–397, 641–655, 659–701, 708–714, 725–811)

Anhalt	Fürstentum	Landstände	Prälaten, Freiherren und Ritterschaft, Städte
		Ausschuss	Kleiner und Größerer Ausschuss 1611
		Amtsträger	Direktor und Unterdirektor der Landschaft, Landsyndikus
Aremberg	Herzogtum neu	keine Landstände	
Auersberg	Fürstentum neu	keine Landstände	
Augsburg	Hochstift	keine Landstände	
Baden	Markgrafschaft	Landschaft und Landtag	Städte und Ämter belegt 1536, 1629, danach keine
Baden-Baden	[Markgrafschaft]	Art von Landständen	Prälaten, Städte
Baden-Durlach	[Markgrafschaft]	früher Landstände	nur Städte
Bamberg	Hochstift	keine Landstände	
		[Ergänzung nach 612: Bachmann, Bamberg: 1460–1654 Landstände]	[Prälaten, Ritterschaft, Landschaft]
		[Ausschuss]	[1588 Großer und Enger Ausschuss]
Basel	Hochstift	Landstände	Prälaten, Ritterschaft, Dorf Burgtal, Städte, Oberämter, freie Berge
		Amtsträger	Präsident der Landschaft
		Einung	Verbot 1732
		Matrikel	Landesmatrikel 1736
Bayern	Kurfürstentum und Herzogtum	Landstände	Prälaten, Ritter und Adel, Bürgerstand Städte und Märkte
		Einung	1392
		Ausschuss	1514
		Amtsträger	Kanzler, Viezkanzler der Landschaft
		Matrikel	Landtafel 1557
– Nieder und Oberbayern		ein Corpus	
– Leuchtenberg	Grafschaft	keine Landstände	
– Oberpfalz		Landstände bis 1628	
		Amtsträger	Syndikus 1707
Bayreuth	brandenburgisches Fürstentum	früher Landstände, dann Landschafts-Collegium	

5. Übersicht über Landstände 1769

Bentheim	Grafschaft	Landstände Provinz Overijssel	Adel, Klöster, Städte
Berchtesgaden	gefürstete Propstei	keine Landstände	
Brandenburg	jede Landschaft	Ausschuss Amtsträger	Verordnete und ständige Deputierte Direktor
– Kurmark		Landschaft	Prälaten, Grafen, Ritterschaft, Städte
– Altmark		Landschaft	Ritterschaft, Städte
– Mittelmark		Landschaft	Ritterschaft, Städte
– Neumark		Landschaft	Ritterschaft, Städte
– Uckermark		Landschaft	Ritterschaft, Städte
– Cammin	Hochstift	Landstände bis 1648, dann vereint mit Hinterpommern	
– Cleve	Herzogtum mit Grafschaft Mark	Landstände Einung Union Ausschuss Amtsträger Matrikel	Ritterschaft, Städte 1646 1426, 1444, 1629, 1637 mit Mark 1646 Syndikus 1661
– Halberstadt	Fürstentum, früher Hochstift	Landschaft	Prälaten, Ritterschaft, Hauptstädte
– Hinterpommern	Herzogtum	Landstände Amtsträger Matrikel	Prälaten, Grafen und Herren, Städte Landmarschall Landmatrikel 1653
– Magdeburg	[Fürstentum, früher Hochstift]	Landstände Ausschuss Amtsträger	Prälaten, Ritterschaft, Städte Engerer und Großer Ausschuss 1680 Landsyndikus
– Minden	Fürstentum, früher Hochstift	Landstände	Clerisey, Ritterschaft, Stadt Minden
– Moers	Fürstentum	keine Landstände	
– Ostfriesland		Landstände Einung Ausschuss Amtsträger Matrikel	Ritterschaft, Städte, Hausmannsstand Klage 1619 1605 Konsulent (Syndikus Emden) Matrikel der Ritterschaft 1599
– Preußisch Schlesien		Landstände aufgehoben	
– Ravensberg	Grafschaft	Landstände	Ritterschaft, Städte

I. Enzyklopädischer Überblick

Braunschweig-Lüneburg	Herzogtum	vier Corpora von Landschaften	
		Einung	1392
		Matrikel	Landesmatrikel 1545
– Calenberg		Landschaft	Prälaten, Ritterschaft, Städte
		Ausschuss	Enger und Größer Ausschuss 1594
		Amtsträger	Syndikus
– Grubenhagen		Landschaft	Prälaten, Ritterschaft, Städte
		Amtsträger	Syndikus
– LüneburgCelle		Landschaft	Prälaten, Ritterschaft, Städte
		Ausschuss	Landschafts-Kollegium 1752
		Amtsträger	Landschaftsdirektor, Landsyndikus
– Wolfenbüttel		Landschaft	Prälaten, Ritterschaft, Städte
		Ausschuss	Engerer und Größerer Ausschuss
		Amtsträger	Landsyndikus
		Matrikel	Landesmatrikel
– Bremen	Herzogtum	Landstände	Ritterschaft, Städte
		Ausschuss	Landschaftliches Kollegium
		Amtsträger	Präsident und Syndikus der Ritterschaft
– Verden	Herzogtum	[Landschaft]	Ritterschaft, Stadt Verden
– Diepholz	Grafschaft	keine Landstände	
– Hadeln	Land	Landstände	Schulzen und Schöffen, Kirchspiele, Stadt Otterndorf
– Hoya	Grafschaft	Landstände	Prälaten, Ritterschaft, Stadt Nienburg und Flecken
		Einung	1712
		Ausschuss	Engerer und Größerer Ausschuss Schatzkollegium
		Amtsträger	Landsyndikus
– Sachsen-Lauenburg	Fürstentum	Landstände	Ritterschaft, Städte
		Einung	1585
		Amtsträger	Landmarschall, Syndikus
Bremen	Hochstift	[Landstände]	Domkapitel, Prälaten, Ritterschaft, Städte
Brixen	Hochstift	seit 1456 keine Landschaftliche Verfassung	
Chur	Hochstift	kein Gebiet, keine Landstände	
Cornelimünster	Abtei	eine Art von Landständen	Gemeindeverordnete
Corvey	gefürstete Abtei	keine Landstände	
Deutschmeister		keine Landstände	

5. Übersicht über Landstände 1769

Dietrichstein	Fürstentum neu	keine Landstände	
Eichstätt	Hochstift	keine Landstände	
Ellwangen	gefürstete Propstei	keine Landstände	
Essen	weltliches Stift	[Landstände]	Gräflicher Stand der Frauen, Kanoniker, Adel
Freising	Hochstift	keine Landstände	
Fulda	Hochstift und Abtei	keine Landstände	
Fürstenberg	Fürstentum neu	keine Landstände	
Hanau	Grafschaft	keine Landstände	
Henneberg	gefürstete Grafschaft	Landstände 1543 Ausschuss	1543
Hessen	Landgrafschaft	Einung Ausschuss Matrikel	1509 1514 Landesmatrikel 1514
Hessen-Darmstadt	Landgrafschaft	Landstände	Prälaten, Ritterschaft, Städte
Hessen-Kassel	Landgrafschaft	Landstände Ausschuss Amtsträger	Prälaten, Ritterschaft, Landschaft oder Städte Engerer und Weiterer Ausschuss Erbmarschall
Hildesheim	Hochstift	Landstände Ausschuss Amtsträger Matrikel	Domkapitel, Stifter, Ritterschaft, Städte Größerer und Engerer Ausschuss Syndikus der katholischen Stifter, Syndikus der evangelischen Ritterschaft und Städte Landesmatrikel 1481, 1731
Hohenstein	Grafschaft	keine Landstände, ist aufgeteilt, preußischer Teil bei Halberstadt	
Hohenzollern	Fürstentum neu	keine Landstände	
Holstein	Herzogtum	Landstände bis 1711 Union Ausschuss Amtsträger	Prälaten, Ritterschaft, Städte [1460] mit Schleswig Beständiger Ausschuss 1634 Landsyndikus
Johanniter-Orden		keine Landstände, ist österreichischer Landstand	
Kempten	gefürstete Abtei	Landschaft in der Form eines landständischen Corpus Ausschuss	Dorfschaften 7 Landschafts-Repräsentanten

22　I. Enzyklopädischer Überblick

Köln	Kurfürstentum Erzstift	Landstände	Prälaten, Ritterschaft, Städte, eigenes Collegium der kölnischen Grafen
		Einung	1463
		Union	1550
		Amtsträger	Syndikus der Ritterschaft
		Matrikel	Landesmatrikel 1550
– Westfalen	Herzogtum	Landstände	Ritterschaft, Städte
		Union	1590
		Ausschuss	1590
Konstanz	Hochstift	keine Landstände	
Lichtenstein	Fürstentum neu	keine Landstände	
Lippe	Grafschaft	Landstände	Ritterschaft, Städte
		Amtsträger	Syndikus
Lobkowitz	Fürstentum neu	keine Landstände	
Lübeck	Hochstift	keine Landstände	
Lüttich	Hochstift	Landstände	Domkapitel, Adel, Städte
		Ausschuss	Deputierte der Stände
Mainz	Kurfürstentum Erzstift	keine Landstände	
– Eichsfeld		Landstände	Prälaten (Äbtissinen der Nonnenklöster), Adel, Städte
– Erfurt		keine Landstände	
Mansfeld	Grafschaft	Landstände, aber selber Vasallen von Magdeburg	
Mecklenburg	Herzogtum	Landstände	Ritterschaft, Städte
		Einung	1523
		Ausschuss	1523 Engerer und Größerer Ausschuss
		Amtsträger	Landmarschälle, Konsulent, Landsyndikus
		Matrikel	Landesmatrikel 1755
Münster	Hochstift	Landstände	Geistlichkeit, Adel, Städte
		Ausschuss	1466
		Amtsträger	Erbmarschall
Nassau	Fürstentum neu	keine Landstände	
Nomeny	lothringisches Fürstentum, ist von Deutschland abgetrennt		
Nürnberg	Burggrafschaft unterhalb und oberhalb des Gebirges	früher Landstände	

5. Übersicht über Landstände 1769

Onolzbach	brandenburgisches Fürstentum	früher Landstände	belegt 1515, 1522, 1548 dann Kammer- und Landschafts-Collegium vereint
Osnabrück	Hochstift	Landstände Einung Amtsträger Matrikel	Domkapitel, Adel, Städte 1532 Erblanddrost Schatzregister
Österreich	Erzherzogtum	Union	1519 Österreich Unter und Ob der Enns, Steiermark, Kärnten, Krain, Tirol
		Union	1578 Evangelische Stände Krain, Kärnten, Steiermark
		Matrikel	Landesmatrikel 1641
– Niederösterreich		Landstände Ausschuss Amtsträger	Prälaten, Herren, Ritter, Städte Raitkollegium Syndikus, Erster Sekretär
– Oberösterreich		Landstände Einung	Prälaten, Herren, Ritter, Städte 3 Politische Stände Ob der Enns 1608
		Union	1619 Evangelische Stände Ob der Enns
		Ausschuss	Raitkollegium
– Böhmen		Landstände Einung Union	Prälaten, Herren, Ritter, Städte 1517 1542 mit Mähren, 1609 evang. Stände mit Mähren und Schlesien
		Matrikel	Landtafel Böhmen und Mähren
– Breisgau		Landstände Amtsträger	Prälaten, Ritter, Dritter Stand Städte und Kameralherrschaften Präsident des Ritterstandes
– Görz		Landstände	Adel
– Kärnten		Landstände Ausschuss	Prälaten, Herren, Ritter, Städte 1758
– Krain		Landstände Ausschuss	Prälaten, Herren, Ritter, Städte Verordnete
– Mähren		Landstände Einung Ausschuss	Prälaten, Herren, Ritter, Städte Verbot 1628 Landes-Ausschuss-Kommission
– Österreich Unter der Enns		Landstände siehe Niederösterreich	
– Österreich Ob der Enns		Landstände siehe Oberösterreich	
– Österreichisch Oberschlesien		Landstände	
– Österreichische Niederlande		Landstände	

24　I. Enzyklopädischer Überblick

– Schwäbisch Österreich		Landstände	
– Steiermark		Landstände Ausschuss	Prälaten, Grafen und Herren, Ritter, Städte Ausschuss evangelischer Stände 1598
– Tirol		Landstände Einung Amtsträger Matrikel	Prälaten, Ritterschaft und Adel, Städte, Viertel und Gerichte 1511 Syndikus Landesmatrikel
– Vorarlberg		Landstände	
Paderborn	Hochstift	Landstände Amtsträger	Domkapitel, Ritterschaft, Städte Landmarschall
Passau	Hochstift	keine Landstände	
Pfalz	Kurfürstentum	keine Landstände	
– Berg	Herzogtum	Landstände	
– Jülich	Herzogtum	Landstände Union Ausschuss Amtsträger	Ritterschaft, Hauptstädte 1451 mit Berg 1496 mit Berg, Ravensburg, Cleve, Mark 1554 Syndikus
– Neuburg und Zweibrücken	Herzogtum	Landstände Ausschuss Amtsträger	Prälaten, Ritterschaft, Städte 1554 Landmarschall, Kanzler
Pfalz-Zweibrücken	Land	Landstände	
Pommern	Herzogtum	Landstände Einung Ausschuss Amtsträger	1354 1595 Landmarschall, Landsyndikus
– Schwedisch Vorpommern		Landstände Matrikel	Ritterschaft, Städte Landmatrikel 1663
Regensburg	Hochstift	keine Landstände	
Reichsgrafschaften		keine Landstände	
Reinstein	Grafschaft	Landstände	belegt 1643
Reuß	Grafschaft	Landstände	Ritterschaft, Städte und Pflegen
Sachsen	Kurfürstentum und Herzogtum	Landstände Einung Ausschuss	Prälaten mit Grafen und Herren, Ritterschaft, Städte 1438 Engerer und Weiterer Ausschuss
– Merseburg,	Hochstift	Landstände Ausschuss	1742

5. Übersicht über Landstände 1769

– Naumburg	Hochstift	Landstände	
– Niederlausitz		Landstände	Prälaten, Herren, Ritter, Städte
		Ausschuss	Enger und Weiterer Ausschuss
		Amtsträger	Landsyndikus der Ritterschaft
– Oberlausitz		Landstände	Herren, Prälaten, Ritterschaft und Mannschaft, Städte
		Ausschuss	Enger und Weiterer Ausschuss
		Amtsträger	Landsyndikus
Sachsen-Altenburg	Herzogtum	Landstände	Ritterschaft, Städte
		Amtsträger	Direktor
Sachsen-Coburg	Herzogtum	Landschaft	Ritterschaft, Städte
		Amtsträger	Direktor, Syndikus
Sachsen-Eisenach	Herzogtum	Landstände	Grafen, Ritterschaft, Städte
Sachsen-Gotha	Herzogtum	Landstände	Grafen und Herren, Ritterschaft, Städte
		Ausschuss	Enger und Großer Ausschuss
Sachsen-Hildburghausen	Herzogtum	Landschaft	Ritterschaft, Städte
		Ausschuss	Enger und Weiter Ausschuss
Sachsen-Jena	Herzogtum	Landstände	
Sachsen-Meiningen	Herzogtum	Landstände	Ritterschaft, Städte
Sachsen-Weimar	Herzogtum	Landstände	Fürst Schwarzburg, Ritterschaft, Städte
Salm	Fürstentum neu	keine Landstände	
Salzburg	Erzstift	Landstände	Prälaten, Ritterstand, Bürgerstand
		Einung	1403
		Matrikel	Landtafel
Sayn	Grafschaft	früher Landstände	belegt 1534 und 1592, danach verfallen
		Ausschuss	Ritterschaft 1570
Schaumburg	Grafschaft hessischen Teils	Landstände	
Schaumburg	Grafschaft, lippe-bückeburgischen Teils	Landstände	Ritterstand, Städte
Schlesien		Landstände	Prälaten, Herren, Ritter, Mannschaft
		Einung	1458
Schleswig	souveränes Herzogtum	Landstände mit Holstein	

I. Enzyklopädischer Überblick

Schwarzburg-Rudolstadt	Fürstentum	Landtag Neugründung Landschafts-Collegium Amtsträger	belegt 1531, hört 1560 auf 1721 Ritterschaft und Städte Direktor, Landschaftssyndikus
Schwarzenberg	Fürstentum neu	keine Landstände	
Schwerin	Hochstift	früher Landstände	
Speyer	Hochstift	keine Landstände	
– Weißenburg	gefürstete Propstei	keine Landstände	
Stablo	Abtei	Landstände	
Straßburg	Hochstift Reichslande	keine Landstände	
Taxis	Fürstentum neu	keine Landstände	
Thorn	Abtei	keine Landstände	
Trient	Hochstift	keine Landstände	
Trier	Kurfürstentum Erzstift	Landstände Einung Ausschuss Amtsträger Matrikel	Prälaten, Ritterschaft bis 1729, Städte und Ämter 1456 1501 Syndikus des Klerus Landesmatrikel 1719
– Prüm	gefürstete Abtei	keine Landstände	
Truchsess	Grafschaft	Landschaft	
Waldeck	Grafschaft	Landstände Matrikel	Ritterschaft, Städte und Ämter Landesmatrikel 1562
Worms	Hochstift	keine Landstände	
Württemberg	Herzogtum	Landstände Einung Ausschuss Amtsträger Matrikel	Prälaten, Städte und Ämter 1498 Kleiner und Großer Ausschuss 1554 Landschafts-Konsulenten Verzeichnis aller Landstände 1737
– Mömpelgart	Grafschaft	keine Landstände	
Würzburg	Hochstift	keine Landstände	

6. Schwächung und Verdrängung nach dem Dreißigjährigen Krieg

Im 18. Jahrhundert war von der Macht der Stände wenig übrig. Der Umbruch begann im 17. Jahrhundert mit dem Dreißigjährigen Krieg. Die von ihm verursachten Katastrophen zerstörten die wirtschaftliche Basis aller Stände; und die in seinem Gefolge durch militärische Gewalt erzwungene ständige Zahlung von Kontribution als Kriegssteuer bewirkte einen Gewöhnungseffekt, der sich von den Fürsten nach dem Krieg als Mittel unter anderem zur Steuererhebung ohne Bewilligung der Landtage nutzen ließ. Der Hinweis auf die Notwendigkeit ständiger militärischer Stärke zur Verteidigung der Souveränität diente als Begründung, die 1654 im Jüngsten Reichsabschied sogar reichsrechtlich anerkannt wurde. Die in seinem Umfeld getroffenen Vereinbarungen zwischen Landesfürsten und Ständen über fortlaufende Bewilligung von Steuern führten vielfach in den Absolutismus unter Missachtung oder Beseitigung ständischer Mitbestimmungsrechte.

Folgen des Krieges

Jüngster Reichsabschied 1654

In der Kurmark Brandenburg erreichte Kurfürst Friedrich Wilhelm auf dem Landtag von 1653 einen für die Zukunft grundlegenden Kompromiss. Gegen Bewilligung von 650 000 Reichstalern für das stehende Heer gestand er dem Adel freie Hand gegenüber den Bauern zu: die Leibeigenschaft wurde bestätigt, das Bauernlegen ausdrücklich erlaubt, Beschwerden auf dem Rechtsweg dagegen abgeschnitten und sogar mit Strafe bedroht. Der Wechsel vom Gemeinnutz zum Eigennutz in der politischen Zielstellung wird hier besonders deutlich. Der Adel nutzte den Landtag als Instrument zur Durchsetzung seiner Gutsherrschaften, in denen die Bauern deklassiert wurden. Hingegen setzte der Kurfürst das nun finanzierte Heer als innenpolitisches Machtinstrument ein, erzwang fortgesetzte Steuerzahlungen und berief den kurmärkischen Landtag nicht wieder ein.

Brandenburg Rezess 1653

In Hessen kam es 1655 im Vergleich zwischen Landgraf Wilhelm VI. und der Ritterschaft zu einem ähnlichen Kompromiss, doch mit anderen Akzenten. Der Landtag bewilligte fortan die notwendigen Steuern für das stehende Heer, doch wies Landgraf Wilhelm VI. das Ansinnen des Adels zurück, den Rechtsweg für Beschwerden der Bauern zu beschneiden (bestätigt 1724 und 1731). Der Landtag ließ sich mithin nicht für adelige Interessen instrumentalisieren. Ebenso wenig ließ er sich abschaffen, sondern trat häufig zusammen und bewilligte die für das Militär erforderlichen Steuern. Auf die damit betriebene Außenpolitik nahm er jedoch keinen Einfluss – das war allein Sache

Hessen Vergleich 1656

des absolutistischen Landgrafen, der durch seine Bündnispolitik mit den berüchtigten Soldatenverkäufen zusätzliche Finanzmittel ohne die Stände beschaffte. Hier zeigt sich die seit dem Dreißigjährigen Krieg typische Beschränkung der Landständischen Verfassung auf Steuerbewilligung und allenfalls innenpolitische Probleme.

Machtstaat — Der etablierte Steuerstaat überholte die älteren ständischen Träger der Landeseinheit an staatlicher Intensität und entpuppte sich bald als Machtstaat, der sein Militär auch innenpolitisch einsetzte; hierfür bietet das absolutistische Brandenburg-Preußen das eindrucksvollste Beispiel. Die Stände wurden von der zentralen politischen Entscheidungsebene verdrängt: Landtage wurden selten oder gar nicht mehr einberufen. Ihre Begrenzung auf innere regionale und lokale Belange konnte bald das Vorurteil der Beschränktheit auf den kleinen eigenen Nutzen entstehen lassen.

Landtage entbehrlich — Landtage wurden verzichtbar und häufig durch gefügigere Ausschüsse ersetzt – wie etwa in Bayern. Dennoch blieben die Landstände im politischen Bewusstsein und auch im Alltag der Menschen präsent. Der Landtag stabilisierte die politische und gesellschaftliche Ordnung. Je ferner der absolute Monarch, desto näher waren die Landstände mit ihren Institutionen der Steuererhebung und -verwaltung oder als Anlaufstellen für Beschwerden über die Zentralregierung. Für das 18. Jahrhundert lässt sich sogar eine Renaissance ständischer Aktivitäten auf innenpolitischem Gebiet der älteren Policey feststellen. Vielerorts bemühten sie sich um die Verbesserung der Armenfürsorge und der Schulbildung, um den Bau von Zucht- und Werkhäusern, um die Gründung von Hebammenschulen und Accouchier-Anstalten oder auch um die Gründung von Brandversicherungen. Hierfür geben Schwäbisch-Österreich und das Hochstift Osnabrück Beispiele. Auf diesem Gebiet besteht noch erheblicher Forschungsbedarf.

Reichsverfassung — Die Reichsverfassung war auf die Konservierung bestehender Verhältnisse ausgelegt. Die Entmachtung der Landtage konnte als Störung des komplizierten Gleichgewichts der zahlreichen Reichsstände nicht in ihrem Sinn sein. So erscheint es nur konsequent, dass der Kaiser 1670 eine Pflicht zur Steuerbewilligung der Landstände für das Militär – wie vom Reichstag verlangt – ablehnte und sie nur für die Verteidigung des Reiches gelten ließ. Auch griff das Reich im Rahmen des Reichsrechts nicht nur in die inneren Verfassungskonflikte von Reichsstädten, sondern auch von Territorien ein mit dem Ziel, die althergebrachten Verfassungen zu stabilisieren und funktionsfähig zu halten, dabei zugleich den Einfluss des Kaisers zu stärken. Das gelang in den drei herausragenden Ständekonflikten des 18. Jahrhunderts: in Ost-

6. Schwächung und Verdrängung nach dem Dreißigjährigen Krieg 29

friesland 1721–1731, in Mecklenburg 1716–1755 und in Württemberg 1733–1738 und 1763–1770.

Die Auseinandersetzungen entzündeten sich überall an Steuerforderungen der Landesherren, die damit ihr Militär finanzieren und zugleich den Absolutismus einführen wollten. Außer dem Kaiser wurden benachbarte und auswärtige Mächte in die Kämpfe einbezogen: in Ostfriesland das Bistum Münster, das Kurfürstentum Hannover, Preußen, die Niederlande und Dänemark; in Mecklenburg Hannover, Sachsen und Russland; in Württemberg Preußen, Hannover und Dänemark. Konfessionelle Gegensätze verschärften in Ostfriesland und Württemberg die Konflikte. Bei ähnlicher Ausgangslage kam es durch nicht kalkulierbare dynamische Faktoren zu ganz unterschiedlichen Ergebnissen. In Ostfriesland konnte sich Graf Christian Eberhard, gestützt auf Entscheidungen des Reichshofrates von 1721, gegen die so genannten *Renitenten* durchsetzen und auch den militärischen Konflikt im *Appelle-Krieg* 1725–1727 gewinnen. Nach Bestrafung und Ausschaltung der Opposition setzte die kaiserliche *Finalresolution* von 1731 einen Schlusspunkt und verlangte eine Teilamnestie für die Unterlegenen. Dennoch blieb der ostfriesische Landtag geschwächt.

In Mecklenburg lösten die dilettantischen Versuche Herzog Karl Leopolds, ein absolutistisches Regiment zu errichten, ein jahrzehntelanges Chaos aus, das erst sein Nachfolger, Christian Ludwig, in jahrelangen Verhandlungen unter kaiserlicher Vermittlung beenden konnte. Im *Landesgrundgesetzlichen Erbvergleich* (LGGEV) von 1755 wurde die Landständische Verfassung festgeschrieben. Weit entfernt von jeglichem Absolutismus unterstand Mecklenburg nun parlamentarischer Kontrolle bei Dominanz des Adels. Zu Lasten der Stadtbürger und erst recht der Bauern verhinderte der gestärkte Landtag politische und gesellschaftliche Reformen. Mecklenburg blieb sprichwörtlich rückständig und erhielt erst 1918 eine moderne Repräsentativverfassung.

In Württemberg konnten die Herzöge Eberhard Ludwig und Karl Alexander von 1699 bis 1737 den Plenarlandtag durch Nichtberufung ausschalten, die ständischen Mitbestimmungsrechte aber nicht beseitigen. Die aufgestauten Konflikte ließen sich nur durch einen vom Kaiser 1738 vermittelten Vergleich lösen, welcher dem Landtag seine alten Rechte und Funktionen gestärkt zurückgab. Weitere Versuche zur Abschaffung der Landständischen Verfassung unternahm Herzog Karl Eugen. Auch er scheiterte. Klagen der Stände beim Reichshofrat führten 1764 zum Erfolg und schließlich zum Erbvergleich von 1770, der die Rechte der Stände auf Dauer bestätigte. Doch anders als in Mecklenburg war der Adel im württembergischen Landtag gar nicht vertre-

Ständekonflikte

Ostfriesland

Mecklenburg

Württemberg

ten, so dass sich bürgerliche und zunehmend bäuerliche Interessen durchsetzen konnten. Diese erwiesen sich reformfreudiger und erleichterten den Übergang in die politische und wirtschaftliche Moderne. Die durchaus unterschiedlichen Ergebnisse dieser Verfassungskonflikte führen zur abschließenden Frage einer Bewertung. Ohne Zweifel gehört die Landständische Verfassung zum Bestand der europäischen Verfassungsentwicklung. Die konkurrierende und häufig obsiegende Macht des fürstlichen Absolutismus kann kein Alleinrecht auf gesellschaftliche und staatliche Modernisierung beanspruchen. Vielmehr haben Stände und Fürsten gemeinsam dazu beigetragen – mit einander und oft gegen einander. Weit entfernt von einem behaupteten Dualismus hatten sie im Land ihren gemeinsamen Bezugspunkt, für das die Stände früh den Landfrieden und die Landeseinheit verlangten und erreichten, während die Landesherren riskante Politik mit Eroberungen und Teilungen trieben. Die Konsolidierung von Herrschaft trotz dynastischer Zufälle und damit die Wahrnehmung ihrer Aufgaben lag im Interesse des Landes – des Fürsten wie der Stände und aller Einwohner. Rechtsprechung und Rechtsetzung waren ebenso zu gewährleisten wie eine Innenpolitik, die Beschwerden der Bewohner berücksichtigte. In Notfällen des Landes musste außerordentliche Hilfe bewilligt werden, allerdings erst nach Prüfung der unabweisbaren Notwendigkeit. Wachsende öffentliche Aufgaben führten in den Steuerstaat, den die Landstände mit eigener Verwaltung errichten halfen.

Die Aufzählung von Aktivitäten im Interesse des Gemeinwohls bliebe unvollständig ohne die Rückfrage an den mit Gruppeninteressen verfolgten Eigennutz. Allen Landtagen eignete die Tendenz, die Lasten möglichst auf die nicht vertretenen unteren gesellschaftlichen Gruppen zu wälzen und sich selbst zu schonen. Weitgehend setzte der Adel, wo er es konnte, schärfere Herrschaftsrechte gegenüber seinen abhängigen Bauern durch. Das führte in den Gebieten adliger Dominanz zur Veränderung der Sozialstruktur mit gesellschaftlicher Polarisierung. Nirgends manifestierte sich ständischer Eigennutz deutlicher als im Bauernlegen mit nachfolgendem Aufbau von Gutsherrschaften als Staaten im Staat. Hier fanden antiständische Kritik und Politik einen Ansatzpunkt.

Wirtschaftliche Krisen und damit einhergehende soziale Probleme führten im 16. Jahrhundert zu einer Ausweitung der öffentlichen Aufgaben. Zur gleichen Zeit entwickelten sich die neue, teure Militärtechnik und Militärverfassung, durch die außenpolitische Konflikte zu unkalkulierbaren finanziellen Risiken wurden. Auf beiden Gebieten setzte fürstliche Staatsbildung mit Bürokratisierung und Rationalisie-

6. Schwächung und Verdrängung nach dem Dreißigjährigen Krieg

rung ein, um Regelungen zu erreichen. Der heran wachsende Verwaltungs- und Militärstaat überflügelte die Stände an Macht, drängte sie in den Bereich gruppenspezifischer egoistischer Sonderinteressen ab und beanspruchte, allein das Gemeinwohl zu vertreten und politisch zu verfolgen. Dieses negative Bild herrschte auch noch im 19. Jahrhundert vor, als mit dem Verfassungsversprechen der Bundesakte der Streit um die Kontinuität von der altständischen zur modernen Repräsentativverfassung begann.

Herrschaft ist immer mit Gewinnen und Risiken, aber auch Kosten verbunden. Die Landständische Verfassung kannte Verfahren und Institutionen, sie gegen einander zu wägen und auszugleichen. Dieses verbindet sie mit Formen moderner politischer Partizipation. Ob der Ausgleich gelang, ist in jedem Einzelfall zu prüfen und zu bewerten. Gleiche Formen können zu unterschiedlichen, ja gegensätzlichen politischen Inhalten führen. Das ist auch heute nicht anders.

II. Grundprobleme und Tendenzen der Forschung

1. Bestandsaufnahme im 18. Jahrhundert: Johann Jacob Moser

Am Beginn der Ständeforschung steht ohne Zweifel JOHANN JACOB MOSER, Landschaftskonsulent des württembergischen Landtages. Als er 1769 seine umfangreiche Darstellung der deutschen Landstände veröffentlichte, stand der Absolutismus in hoher Blüte. Den Kampf um die Macht zwischen Herzog und Ständen in Württemberg hatte er in langer Haft am eigenen Leib verspüren müssen. Doch hielt er es für unstrittig, dass – außer in Gebieten harter Leibeigenschaft – „die Teutschen, von oben an bis auf den Bauren hinaus, freye Leute waren und als solche, nicht aber wie Russen und Türcken, regieret wurden". In allen alten Territorien des Reiches habe es seit den Zeiten Karls des Großen, selbst in Mecklenburg seit der Wendenzeit, Stände gegeben, in den jüngeren seien sie „theils aus Gelegenheit der Kriege, theils derer Landesherrlichen Schulden entstanden" [83: MOSER, Reichs-Stände, 347, 359]. Er wollte sich aber nicht mit Altertümern, sondern mit der Gegenwart befassen und erstellte eine erste, bis heute nicht überholte Bestandsaufnahme für die Mitte des 18. Jahrhunderts.

Zunächst gab er eine Definition: „Land-Stände seynd und heisset das Corpus derjenigen Unterthanen, welche, krafft der Landes-Freyheiten und Herkommens, von den Landes-Herren in gewissen Landes-Angelegenheiten um ihren Rath oder auch Bewilligung angesprochen werden müssen, auch sonsten mancherley des Landes Wohlfahrt betreffende Sachen zu dirigieren, zu veranstalten oder doch dabey etwas zu sagen haben" [Ebd. 322]. Aufgrund seiner Auswertung der historisch-politischen Literatur und ergänzenden Umfragen sammelte er Angaben zu 136 Territorien des Heiligen Römischen Reiches (ohne das dänische Herzogtum Schleswig). Sie sind in der Übersicht unter I.5 zusammengestellt. Danach gab es noch in 93 Territorialstaaten eine Landständische Verfassung, das waren über zwei Drittel der Territorien des Reiches. In jeweils 39 nahmen Ausschüsse und eigene Amtsträger stän-

Erste Bestandsaufnahme 1769

Definition

dische Mitbestimmungsrechte wahr. Im historischen Rückblick entdeckte MOSER 23 Einungen von Ständen innerhalb eines Landes und 18 darüber hinausgehende Unionen. Matrikel als Verzeichnisse der landtagsberechtigten Stände waren in 24 Ländern gültig. Obwohl MOSER diese Summen nicht zog, legte er geradezu erdrückende Belege für die Existenz und Funktionsfähigkeit der Landständischen Verfassung vor. Ein Monopolanspruch des Absolutismus war damit empirisch widerlegt.

Ständische Zusammensetzung

In ihrer Zusammensetzung unterschied MOSER – in vier Klassen – folgende Kollegiensysteme: fünf Kollegien: Geistlichkeit, Hoher Adel, Universitäten, Ritterschaft, Städte; vier Kollegien: Geistlichkeit, Hoher Adel, Ritterschaft, Städte; drei Kollegien: Geistlichkeit, Ritterschaft, Städte oder Ritterschaft, Städte, Bauern; zwei Kollegien: Geistlichkeit, Ritterschaft oder Geistlichkeit, Städte oder Ritterschaft, Städte oder Städte, Bauern. Für Württemberg wies er auf das gemeinsame Kollegium von Geistlichkeit und Städten hin. Auch war ihm die landschaftliche Verfassung durchaus bekannt. Wo es keine Städte gebe, „da gehet es ganz natürlich zu, dass auch die Bauerschafft der Landschafft fähig ist, wie in dem Stifft Kempten" [Ebd. 484]. Ähnlich verhalte es sich in Ostfriesland und in Hadeln; in Schweden sei der Bauernstand auf dem Reichstag vertreten, nicht hingegen in Deutschland – weder auf dem Reichstag, noch auf einem Landtag.

Zur Geistlichkeit auf den Landtagen gehörten die Erzbischöfe und Bischöfe, sofern sie landsässig seien oder landtagsfähige Güter innehätten. Die Domkapitel zählten in der Regel nicht dazu, doch bildeten in den geistlichen Staaten Osnabrück und Lüttich die Domkapitel die erste Klasse der Landstände; und in Salzburg säßen Dompropst und Domkapitel mit im Prälatenkollegium. Hoher Adel und Ritterschaft bildeten meistens eine Einheit, doch bestehe in Böhmen und in den österreichischen Erblanden ein gesonderter Herrenstand. Die Städte seien entsprechend dem Herkommen, nicht ihrem Alter auf den Landtagen vertreten; die großen von ihnen führten bisweilen zwei Stimmen; Rostock gar habe seinen Platz bei der Ritterschaft, während Emden das vergeblich beansprucht habe.

Vier Gruppen Landständischer Verfassung

Seine Bestandsaufnahme schloss MOSER mit einer Einteilung der Territorien in vier Gruppen: 1. In manchen Ländern gab es früher Landstände, aber sie sind in Abgang geraten, etwa in Baden, vielen kurbrandenburgischen Ländern wie auch in Brandenburg-Bayreuth und Ansbach. 2. In einigen Ländern werden zwar noch Land- oder Ausschusstage gehalten, aber die Landstände haben nicht mehr das Ansehen wie früher, beispielsweise in den österreichischen Erblanden, in

Kursachsen und Hessen. 3. In manchen Ländern haben die Stände ihre althergebrachten Rechte behalten, wie in den geistlichen Staaten, in den kurbraunschweigischen Ländern, in Mecklenburg, Schwedisch-Pommern und Württemberg. 4. In einigen Ländern gewinnen die Stände an Bedeutung, wie zum Beispiel in Hessen-Kassel.

Vor- und Nachteile der Landständischen Verfassung wog MOSER in scheinbarer Neutralität gegeneinander ab: „So gibt es Länder, welche Land-Stände haben, und sie seynd glücklich; es ist auch wahrscheinlich, dass zu diser Glückseligkeit manches beytrage, weil es Land-Stände hat: Hinwiederum gibt es Länder, welche Land-Stände haben, und sie seynd unglücklich; es ist auch wahrscheinlich, dass zu diser Unglückseligkeit manches beytrage, weil es Land-Stände hat". Glück oder Unglück durch Landstände

Zum einen komme es auf den Fürsten an: „Ist er gut; so ist es meistens eine Gold-Grube vor ihn, wann er Land-Stände hat. [...] Hat nun aber ein Herr Land-Stände und stehet gut mit ihnen; so hat er es auch gut, und auf unzählige Weise zu geniessen. Man bewilligt aus Liebe und Erkenntlichkeit gegen die gelinde Regierung freywillig, oder doch auf Zusprechen, mehr, als jemalen mit blosser Gewalt oder durch den Weg Rechtens zu erhalten gewesen wäre; man übernimmt Tonnen- und Millionen-Goldes-weis Landesherrliche Schulden [...] Ist aber der Regent bös; so ist es zwar für seine eigene Person öffters kein Glück, dass er Land-Stände hat: Dann dise thun nicht allemal, was er will, und wann er es zu arg macht, suchen sie höherer oder anderer Orten Hülffe gegen ihn, erhalten sie auch wohl auf eine solche Weise, die ihme zu grosser Demüthigung gereichtet, und seinen ganzen Plan verrückt". Gute und Schlechte Regierung

Zum anderen könne man vom Land ausgehen; es habe vielfältigen Nutzen: „Die Land-Stände sollen (können auch öffters,) verhüten, dass der Regent sich seiner heut zu Tag so hoch getriebenen Landes-Hoheit nicht mißbrauche, mithin der ursprüngliche Zweck einer Landes-Obrigkeit erhalten werde, dass jeder Unterthan unter ihrem Schutz sicher wohnen, sich ehrlich nähren, das seinige in Ruhe geniessen, und, wann er in Streitigkeiten verwickelt wird, unparteyisches Recht erhalten möge". ... Bei „Landes-Beschwerden [...] seynd die Land-Stände befugt und darum da, selbige dem Landes-Herrn vorzutragen, darüber mit ihme so lang zu handlen, biss eine billige Auskunft getroffen wird, oder, wann alles nichts verfangen will, suchen sie endlich Hülffe bey einem höheren Richter: Welches alles nicht so leicht hergehet, wann in einem Land keine Land-Stände vorhanden seynd". Nutzen des Landes

Beschwerden

Schaden entstehe für das Land, wenn „guten Regenten durch ihre Land-Stände die Hände so gebunden werden, dass sie manches unterlassen müssen, was nicht nur ihnen, sondern auch dem ganzen Lande Schaden des Landes selbst, zum offenbaren [...] Nutzen gereichte". Auch komme – insbesondere bei der Ritterschaft – die Verfolgung von Eigennutz vor. Schnelle politische Entscheidungen seien bei Beratungen mit Ständen zwar nicht erreichbar, aber – so MOSER – es sei „gesunde Bauren-Philosophie in Praxi offt vil brauchbarer" als spitzfindige Philosophie. Seine anfängliche Neutralität der Bewertung gab MOSER abschließend auf: „Indessen glaube ich dennoch, dass es ungleich mehrere Fälle gebe, darinn die Land-Stände von einigem, oder merklichem, oder auch sehr grossem Nutzen gewesen seynd". MOSERS politische Entscheidung für die Landständische Verfassung verwundert nicht, denn als Jurist und Politiker verteidigte er die württembergischen Stände gegen absolutistische Angriffe. Aber seine zahlreichen Belege für die weite Verbreitung politischer Mitbestimmungsrechte der Untertanen im Heiligen Römischen Reich untermauerten eindrucksvoll seinen Anspruch. Seine Bestandsaufnahme bleibt noch immer wegweisend für weitere vergleichende Forschung. Gewiss kamen mit der Französischen Revolution andere Vorstellungen und Modelle politischer Partizipation zum Tragen, doch als auf dem Wiener Kongress diese Frage im konservativen Sinn erörtert wurde, griff man auf die von MOSER beschriebene Landständische Verfassung zurück.

Überwiegen des Nutzens

Wiener Kongress

2. Kampf zwischen Konstitutionalismus und Monarchischem Prinzip

2.1 Bundesakte 1815, Friedrich Gentz

Bundesakte 1815 Artikel 13

Das Versprechen im Artikel 13 der Bundesakte von 1815, „In allen Bundestaaten wird eine Landständische Verfassung stattfinden" [5: ZEUMER, Quellensammlung, 543], löste eine heftige politische Kontroverse zwischen Reaktion und Fortschritt aus, die sich auch auf die historische Wahrnehmung der alten Landstände auswirkte. Der in Wien formulierte Kompromiss konnte den Streit nur verlagern, denn auf der einen Seite erwartete die liberale Öffentlichkeit die Gewährung repräsentativer Verfassungen, auf der anderen Seite wollten monarchisch-konservative Regierungen dieses Zugeständnis verhindern. So konnten in den süddeutschen Bundesstaaten vergleichsweise moderne Verfassungen bestehen bleiben oder eingeführt werden, während es im Norden und Osten kaum Veränderungen des monarchischen Absolutismus gab.

Moderne Repräsentativverfassung?

Federführend für die restaurative Auslegung des Artikels 13 war FRIEDRICH GENTZ (1764–1832), der in einer für die Karlsbader Konfe-

2. Kampf zwischen Konstitutionalismus und Monarchischem Prinzip 37

renz abgefassten Schrift [43: GENTZ, Unterschied, 218–222] die ältere Landständische Verfassung scharf von der modernen Repräsentativverfassung abgrenzte und das Versprechen der Bundesakte nur für erstere gelten lassen wollte. Damit gelang es ihm nicht nur, für lange Zeit die Zurückweisung liberaler Forderungen durch restaurative Regierungen wissenschaftlich zu untermauern, sondern auch die Geschichtsschreibung zu beeinflussen. Denn die Diskussion über Kontinuität oder Diskontinuität politischer Partizipation bedient sich noch immer seiner Argumente, deren analytischer Wert fortbesteht. Seine erste Unterscheidung bezog sich auf die Reichweite der vertretenen Interessen. Während in der Landständischen Verfassung Mitglieder oder Abgeordnete von Körperschaften nur ihre Teilinteressen vertreten und „ohne Verkürzung der wesentlichen landesherrlichen Rechte" an der Gesetzgebung durch Mitberatung, Zustimmung und Gegenvorstellungen teilnehmen, stellen in der Repräsentativverfassung gewählte Personen die „Gesamtmasse des Volkes" vor und beanspruchen, das allgemeine Wohl im freien Mandat zu vertreten. Aber Volkswahl sei „der nächste Schritt zur Demagogie", der die rechtmäßige Macht erliegen müsse.

Die zweite Unterscheidung bezog sich auf die Entstehung. Die Landständische Verfassung gehöre zu den natürlichen Grundlagen einer wohl geordneten bürgerlichen Gesellschaft und habe sich „aus der eigenthümlichen Stellung der Klassen und Korporationen" ergeben. Hingegen gründeten sich Repräsentativverfassungen „stets auf dem verkehrten Begriff von einer obersten Souveränität des Volkes" und seien die Folge von Revolutionen oder äußerer Gewalt. Bei den Zielsetzungen trennte GENTZ – drittens – die Erhaltung der wahren Rechte und Freiheiten in der Landständischen Verfassung vom „Wahn allgemeiner Gleichheit der Rechte" in der Repräsentativverfassung. Es gelte, die „von Gott selbst gestifteten Standes- und Rechtsunterschiede" zu bewahren. Selbst wenn große Staaten wie England oder Frankreich mit dem Repräsentativsystem leben könnten, müssten kleinere Staaten daran „unausbleiblich zugrunde" gehen.

Mit seinem vierten Argument ging GENTZ auf einzelne liberale Forderungen ein. Gewaltenteilung zerstöre die Einheit der Staatsverwaltung und führe in die Anarchie. Ministerverantwortlichkeit, Pressefreiheit, Öffentlichkeit der Parlamentsverhandlungen und Petitionsrecht seien unvereinbar mit der monarchischen Regierungsform und führten zum „Untergang aller öffentlichen Ordnung". Davon unterscheide sich wohltuend die Landständische Verfassung .

Indem GENTZ den revolutionären Bruch von der altständischen zur modernen Repräsentation festlegte, stellte er alle liberalen Reform-

Restaurative Auslegung GENTZ' als Grundlage für Karlsbader Konferenz

Vertretung von Korporationen gegen Volkssouveränität

Gentz gegen liberale Forderungen

Bruch zwischen altständischer und moderner Repräsentation

bemühungen unter Umsturzverdacht jenseits des Artikels 13 der Bundesakte. Freies Mandat und Vertretung des Gesamtwohls galten ihm als Kennzeichen zu bekämpfender Volksouveränität, während imperatives Mandat und Vertretung ständisch verorteter Gruppeninteressen zum Bestand hinnehmbarer Mitbestimmung im Rahmen monarchischer Souveränität gehörten. Damit bezog er sich auf die unter dem Absolutismus im 18. Jahrhundert zwar noch vorhandenen, aber domestizierten Landstände. Zugleich verstellte er den Blick auf vorabsolutistische Zeiten ständischer Mitregierung und Regierung ebenso wie auf die Möglichkeit schrittweiser Reformen in Richtung auf den modernen Parlamentarismus. Die Leugnung jeglicher Kontinuität gab den liberalen Kritikern Anlass, Landständische Verfassung mit der Verfolgung eigennütziger, gegen das Gemeinwohl gerichteter Interessen gleichzusetzen. Dieses negative Urteil sollte sich als außerordentlich langlebig erweisen.

Keine Reform

2.2 Carl von Rotteck

ROTTECK fordert Modernisierung der Repräsentativverfassung

Eine klare Gegenposition zu FRIEDRICH GENTZ bezog CARL VON ROTTECK (1775–1740) im gleichen Jahr mit seinen *Ideen über die Landstände*, in welchen er ein Modernisierung der Repräsentativverfassung unter Verwendung altständischer Elemente forderte. Er definierte: „Landstände sind ein, das gesamte zum Staat vereinte Volk [...] vorstellender Ausschuss, beauftragt, die Rechte dieses Volkes [...] gegenüber der Regierung auszuüben". Herrschaft sah er durch einen „Fundamentalvertrag" begründet, durch den die Gesellschaft sich das Recht vorbehalte, dem regierenden Direktorium „den Gesamtwillen zu erkennen zu geben". Während diese Vermittlung in kleinen Gesellschaften ständig und direkt geschehen könne, müssten bei größerer Anzahl „Volksrepräsentanten gegenüber der Regierung„ gewählt werden. Diese seien immer demokratisch, weil sie die „Volksrechte" gegenüber der Regierung vertreten. Als „Stellvertreter der Nation" seien sie „identisch mit dem wahren Nationalwillen" [113: ROTTECK, Landstände, 158–160].

Kein streng imperatives Mandat

In den vertretenen Interessen sah ROTTECK die Einheit von Gesamt- und Einzelwillen. Komme es zu einem Gegensatz, dann seien die Stände „bloß privilegierte Kasten" in der Rolle „des Vormunds zum Mündel". Aber das Gesamtinteresse könne sich mühelos aus den Einzelinteressen ergeben, weil der einzelne Wähler Teil des Gemeinwesens sei. Mit dieser Formel suchte ROTTECK eine klare Entscheidung zwischen imperativem und freiem Mandat der gewählten Vertreter zu

2. Kampf zwischen Konstitutionalismus und Monarchischem Prinzip

umgehen. Bindende Instruktionen für Deputierte hielt er für unzuverlässig oder verdächtig; sie hinderten die Findung und Durchsetzung des Gesamtinteresses und führten zur Lähmung der Parlamente. Der Gewählte solle „nach seinem besten Wissen und Gewissen„ abstimmen, doch zugleich seine Wähler vertreten und von ihnen die Festlegung bestimmter „Prinzipien" und Weisungen „für einzelne Punkte" akzeptieren. Auch habe er sich häufig „mitteilend, berichtend, anfragend" an seine Wähler zu wenden, um die Übereinstimmung der Einzelwillen mit dem Gemeinwohl aufrecht zu erhalten. Hierbei könne auch die öffentliche Meinung in freier Presse hilfreich sein und als „sicherer Leitstern" dienen. Blieben die Landstände dem Volk immer „verantwortlich", gestand ROTTECK der Regierung zu, sie sei ihm „unverantwortlich", ja sie stehe dem Volk gegenüber oder gar über ihm [Ebd., 159, 163–167]. *Landstände sind dem Volk verantwortlich, Regierung nicht*

Das Wahlrecht sollte für alle aktiven Bürger gleich und unbeschränkt sein. Sie bildeten entweder ein „einziges Wahlkollegium" oder – in größeren Ländern – mehrere Kollegien, die ihre Abgeordneten aus ihrer Mitte bestimmten. Allerdings gestand ROTTECK zu, dass ein gleiches Wahlrecht nur Gesellschaften in „bürgerlicher Gleichheit" angemessen sei, wenn alle etwa Ackerbauern oder Hirten wären. Gebe es hingegen mehrere Klassen, müsse die Zahl der Abgeordneten nicht nur im Verhältnis zu den Bezirken, sondern auch zu den gesellschaftlichen Gruppen stehen [Ebd., 164]. *Wahlrecht ungleich*

ROTTECK vertrat moderne wie altständische Prinzipien zugleich. Mit seinem Hinweis auf den Herrschaftsvertrag bekannte er sich zur Volkssouveränität und damit zu nicht aufgebbaren politischen Mitbestimmungsrechten der Untertanen, während seine Anerkennung eines zumindest teilweise imperativen Mandats wie der Vertretung gesellschaftlicher Gruppen auf die ältere Landständische Verfassung verweisen. Damit öffnete er den Blick für Kontinuität und Reform, den FRIEDRICH GENTZ durch Behauptung der Diskontinuität verschließen wollte. *Moderne und altständische Prinzipien*

2.3 Otto von Gierke

Im Rahmen seiner umfänglichen Abhandlung zum deutschen Genossenschaftsrecht behandelte OTTO VON GIERKE (1841–1921) auch die älteren Landesgemeinden und Landstände. Obwohl er das absolutistische Preußen lobte als Staat, der „zum Träger des deutschen Staatsgedankens berufen war" [48: GIERKE, Genossenschaftsrecht, 816], folgte er nicht der gängigen Verurteilung der alten Stände. Vielmehr hob er ihre Leistungen in den vorabsolutistischen Epochen hervor: sie hätten die *v. GIERKE betont Bedeutung der älteren Landstände*

Entwicklung der Landeshoheit nicht „aufgehalten, sondern beschleunigt", und ohne sie „hätte schwerlich je der deutsche Staatsgedanke sich bilden können" [Ebd., 581]. Ihre Ursprünge sah er in den Landesgemeinden, regionalen genossenschaftlichen Verbänden, die in einigen Fällen sogar zu eigenständigen Staatsbildungen ohne und gegen Fürsten gelangt seien. Als Beispiele nannte er Friesland, das jedoch durch Wahl Edzard Cirksenas zum Fürsten diese Entwicklung unterbrach, die Schweiz, die durch einen wachsenden Bund von Landesgemeinden sich zu einem republikanischen Bundesstaat entwickelte, und die nördlichen Niederlande, die gegen ihren Monarchen einen selbständigen Bundesstaat gründeten.

Miteinander von Herrschaft und Landschaft

Die Regel der deutschen Staatsbildung war jedoch das Nebenund Miteinander von Landesherrschaft und Landschaft. Ihr Verhältnis betrachtete GIERKE, ohne den Begriff zu verwenden, als Dualismus: es waren „zwei voneinander unabhängige Mächte, von denen keine ihr Recht von der anderen ableitete". Als Träger staatlichen Rechts bildeten sie als höhere Einheit im Zusammenwirken „das Land als Staat". Die Landschaft konstituierte sich „als gewillkürte Genossenschaft der Stände", hervorgegangen aus Einungen von Geistlichkeit, Adel und Städten. Vorläufer waren Versammlungen der „freien Volksgenossen", der „Großen des Landes in Lehnskurien, auf Ritter- und Mannentagen", nach deren Muster sich die Stände einzeln und mit einander verbündeten [Ebd., 537]. Die Geistlichkeit etablierte sich als Prälatenstand – wiewohl spät und in den geistlichen Territorien in Konkurrenz zu den Domkapiteln. Der Adel umfasste zunächst ungleiche Gruppen: freie Vasallen, Dienstmannen, schöffenbare Freie und bisweilen darüber noch einen Herrenstand. Die landsässigen Städte entwickelten sich nach Verdrängung herrschaftlicher Vögte zu selbständigen Gemeinwesen, die sich in Städtebünden und als Stand vereinten. Die Bauern gelangten nur in Ostfriesland, Dithmarschen und Tirol in die ständischen Versammlungen, sonst wurden sie – wie die anderen Untertanen – mittelbar als Schutzgenossen mit vertreten. Ältere Rittertage wandelten sich im 13. Jahrhundert zu landständischen Versammlungen, als die Städte und die Prälaten als eigene Korporationen hinzu kamen.

Grund für ständische Einungen

Anlässe für förmliche Zusammenschlüsse der Stände boten Steuerforderungen oder Freiheitsverletzungen der Fürsten, ebenso ihr Nachfolgeprobleme und Erbstreitigkeiten, bei denen die Stände als Schiedsgerichte auftraten. Sie beanspruchten das Widerstandsrecht mit Aufkündigung des Gehorsams und Wahl eines anderen Herrschers. Für ihre Aktivitäten bildeten sie angemessene Verfahren und Institutionen aus wie Versammlungsrecht mit Beratungen und Beschlussfassung

2. Kampf zwischen Konstitutionalismus und Monarchischem Prinzip 41

nach Mehrheitsprinzip, Ausschüsse und Amtsträger für kontinuierliche Wahrnehmung ihrer öffentlichen Funktion. Als herausragendes Beispiel führte GIERKE Bayern an; und ähnlich wie dort „beruhte in vielen anderen deutschen Ländern die landständische Verfassung auf einer wirklichen Eidgenossenschaft der Stände" [Ebd., 549]. Schriftlich fixierte Unionen der Stände – zum Teil auch mehrere Territorien umfassend – gab es in den weltlichen Territorien Braunschweig-Lüneburg, Sachsen, Sachsen-Lauenburg, Hessen, Tirol, in der Lausitz, in Schlesien, Württemberg, Kleve-Mark und Jülich-Berg, Schleswig und Holstein, Mecklenburg sowie in Ostfriesland; in den geistlichen Territorien Köln, Trier, Salzburg, Minden und Münster. Landstände ohne nachweisbare Einungen bestanden in der Kurmark Brandenburg, in Pommern, in der Niederlausitz, in den österreichischen Ländern Böhmen, Krain, Kärnten und Steiermark, ebenso im Ordensland Preußen. Dennoch hielt GIERKE daran fest, dass die Landständische Verfassung als Genossenschaft überall auf dem „Gedanken der freien Vereinigung beruhte. Die Qualifikation als Stand war die selbständige Herrschaft über einen Gebietstheil des Landes" [Ebd., 562].

In ihrer ausgebildeten Verfassung spielten die Stände die Rolle eines wirklichen Mitregenten, indem sie an der Landesgesetzgebung mitwirkten, Landesteilungen und -vereinigungen sowie Sukzessionsordnungen mitgestalteten, bei Veräußerungen und Verpfändungen ebenso zustimmen mussten wie bei Bündnissen, Krieg und Frieden; auch beteiligten sie sich an der Landesverwaltung und an der Gestaltung der konfessionellen Verhältnisse. Ständige Mitregierung übten sie aus, wenn es ihnen gelang, den fürstlichen Rat mit ihren Mitgliedern als eine Art ständischen Ausschuss zu besetzen. Zu ihrem wichtigsten politischen Recht entwickelte sich das der Steuerbewilligung. Es wurde meistens mit der Befugnis der Stände zur Erhebung, Verwaltung und Verwahrung in eigener Kasse verbunden. Ihre Autonomie fand hier institutionell erkennbar Ausdruck. Zugleich aber ergab sich aus den Verhandlungen über Steuern die Definition des öffentlichen Wohls im Sinne von „Bedürfniß des ganzen Landes", das unabhängig von Herrschaft und Landschaft bestehe und befriedigt werden müsse. Hier sah GIERKE das „Symptom des allmählig herangereiften Staatsgedankens", den in der Folge der Fürst für sich allein beanspruchte und die Stände aus dem öffentlichen Recht in das Privatrecht verdrängte [Ebd., 572].

Verwandelt in privilegierte Korporationen, verloren die Landstände ihre Eigenschaft als Landesgemeinden; sie schlossen sich ab, passten sich dem gesellschaftlichen Wandel nicht an und verfolgten nur noch egoistische Ziele. Hart tadelte GIERKE „den Eigennutz, die

Beispiel Bayern

Landstände ohne Unionen

Landstände als Mitregenten

Staatsgedanke

Eigennutz der privilegierten Korporationen

II. Grundprobleme und Tendenzen der Forschung

Privilegiensucht, die Erbärmlichkeit und Feigheit der untergehenden Körperschaften" [Ebd., 818]. Die regelrechte Beseitigung der Landständischen Verfassung in den meisten Territorien sah GIERKE im Verbot der Einungen, die seit der Goldenen Bulle reichsrechtlich durchgesetzt wurde, in der Beseitigung des Steuerbewilligungsrechtes, das die meisten Fürsten im 17. Jahrhundert – gestützt durch den Jüngsten Reichsabschied 1654 – erreichten, schließlich im Verlust des Gesetzgebungsrechtes, welches die Fürsten ebenso monopolisierten wie den Staatsgedanken. Den Fortbestand der Landstände – etwa in einigen geistlichen Territorien, in Mecklenburg, Braunschweig-Lüneburg, Württemberg und Schwedisch-Pommern – betrachtete GIERKE als Ausnahmen, die das ursprüngliche landständische Interesse jedoch nicht retten konnten.

Fortbestand der Landstände als Ausnahmen

Ausgehend von seinem Verdikt über die privilegierten Korporationen, hielt GIERKE es für unmöglich, eine „äußere und innere historische Kontinuität zwischen den alten Landständen und der neuen Volksvertretung herzustellen" [Ebd., 819]. Vielmehr sei das moderne Repräsentativsystem von der Französischen Revolution und dem englischen Parlamentarismus beeinflusst. Der Absolutismus habe mit dem einheitlichen Staatsbegriff zugleich das „allgemeine und gleiche Unterthanenthum" geschaffen, welches nun durch die Volksrepräsentation „in das allgemeine und gleiche Staatsbürgerthum" verwandelt werde. Der moderne einheitliche Staat bestehe aus den vier Organen Fürst, Parlament, unabhängige Gerichte, Urversammlungen der Wahlberechtigten. Alle seien ausschließlich dem unteilbaren Gemeinwohl verpflichtet; und für getrennte Trägerschaft des Öffentlichen wie im alten Ständestaat gebe es keinen Platz mehr. Als seine Bedeutung ließ GIERKE allenfalls die „Befestigung und Vertiefung der Volksüberzeugung von der Nothwendigkeit einer Beteiligung des Volkes am Staatswesen" gelten [Ebd., 819, 822].

Diskontinuität Landstände Volksvertretung

Absolutismus schuf Gleichheit der Staatsbürger

2.4 Friedrich Julius Stahl

STAHLS Monarchisches Prinzip

In die kontroversen Diskussionen um eine zeitgemäße Form politischer Mitbestimmung griff 1845 FRIEDRICH JULIUS STAHL (1802–1661) mit seiner berühmten Abhandlung über das *Monarchische Prinzip* ein und erörterte darin erneut den Inhalt des Artikels 13 der Bundesakte. Dieser sollte nach seiner Meinung zwar das monarchische Prinzip befestigen, führte aber nur zur Zurückdrängung der Volksbewegung ohne Gewährung auch nur eines Minimums ständischer Rechte. Die geringen Zugeständnisse hätten den Rahmen des Möglichen nicht ausgeschöpft.

2. Kampf zwischen Konstitutionalismus und Monarchischem Prinzip 43

Daher sei das Problem „ständischer Verfassung unter monarchischem Prinzip" wieder aufzunehmen. Denn nach den Befreiungskriegen sollte sie gerade „nicht in der alten Beschränkung auf die bevorzugten Stände" eingerichtet werden, „sondern in der Art, dass alle Classen der Staatsbürger daran Theil nehmen" [121: STAHL, Monarchisches Princip III, 43 f.].

Dabei wies STAHL jeden Gedanken an die Volkssouveränität zurück, deren Prinzipien der Gewaltenteilung und der Parlamentsherrschaft mit dem „Aggregatismus entständeter, blos numerischer Volksrepräsentation" letztlich zur „Republik unter der Form der Monarchie" führe. Ausführlich diskutierte er die Verfassung Englands als Beispiel für das westeuropäische politische System, welches er als „Unglück" für Deutschland ablehnte [Ebd., IV, 2–11]. Eine neue Verfassung müsse in jedem Fall vom Monarchen oktroyiert sein, weil ihre Erarbeitung und Verabschiedung durch ein Parlament „eine der krassesten Äußerungen des Princips der Volkssouveränität" darstelle.

Westeuropäische Repräsentativverfassung Unglück für Deutschland

Für die inhaltliche Gestaltung der Verfassung lehnte STAHL die Alternative „ständisch oder repräsentativ" als „ebenso unlogisch wie unhistorisch" ab. Zwar könnten „viele Züge des älteren Ständewesens erhalten" bleiben, insgesamt sei es jedoch „für neuere Reichsversammlungen unwiederherstellbar". Vielmehr müsse eine „gesunde Repräsentation [...] Berufsstellungen" unter dem Begriff „Land" und die Menschen unter dem Begriff „Volk" vereinen [Ebd. VIII f.]. Nähere Ausführungen zum Wahlsystem machte STAHL nicht, aber aus seinen Forderungen ergibt sich die Kombination einer korporativen mit einer allgemeinen, durch Wahl bestimmten Interessenvertretung.

Kombination von ständischer und allgemeiner Repräsentation

In der Machtverteilung hatte die fürstliche Gewalt immer über der Volksvertretung zu stehen, wobei STAHL von einem ungleichgewichtigen Dualismus ausging: „es sind zwei Subjekte von selbständiger wenn auch verschiedener Macht". Nach seinen Vorstellungen hatte allein der Monarch das Recht zur Einberufung des Parlaments; er regiere allein ohne Verantwortlichkeit seiner Minister gegenüber den Ständen, denen allenfalls ein Beschwerderecht zustand. Die Gesetzesinitiative einschließlich der Abfassung der Gesetzestexte blieb dem Monarchen vorbehalten, während das Parlament durch Petitionen Anregungen geben konnte und neuen Gesetzen seine Zustimmung geben musste. Aus dem „historischen Steuerbewilligungsrecht deutscher Landstände" leitete STAHL kein Steuerverweigerungsrecht ab, ebenso wenig ein Budgetrecht im Sinne parlamentarischer Kontrolle der Einzelposten. Vielmehr stelle der Monarch den Staatshaushalt für längere Perioden als ein Jahr

Ungleicher Dualismus zwischen Fürst und Volk

auf; und die Stände hätten Steuern „auf Nachweisung der Erforderlichkeit der Ausgaben" zu bewilligen und dabei die Hauptpositionen des Haushalts zu prüfen. Eine „Diktatur der Stände für den Staatshaushalt" widerspreche dem monarchischen Prinzip. Als sein politisches Ideal stellte STAHL fest: „Das eben ist die rechte reichsständische Verfassung, dass der Fürst nicht dem Willen der Stände gehorchen muß, dass er aber auch nicht so gestellt ist, nichts nach dem Willen der Stände zu fragen" [Ebd., 24, 14–18].

<small>Empfehlung eines eigenen Verfassungstyps für Deutschland</small>

STAHL setzte andere Akzente als FRIEDRICH GENTZ. Bei gleich scharfer Ablehnung der westeuropäischen modernen Repräsentativverfassung, sah er dennoch ihre historischen Verbindungen zur altständischen Verfassung und damit die Möglichkeit zeitgemäßer Reform unter Wahrung monarchischer Souveränität. Er empfahl einen eigenen deutschen Typ der politischen Partizipation – sozusagen einen Sonderweg –, den Kontinuität und Dualismus sowie Ungleichgewicht in der Machtverteilung kennzeichnen. Auch seine Bewertung der älteren Stände folgte seinen aktuell politischen Interessen. Für die Geschichtsschreibung sollte sich diese enge Verbindung abschwächen, aber sie verschwand nicht.

2.5 Karl Marx, Friedrich Engels, Marxismus

<small>MARX' und ENGELS' Kritik an der altständischen Verfasssung</small>

Der junge KARL MARX (1818–1883) schloss sich der liberalen Kritik an der altständischen Verfassung an, die er in den preußischen Provinzialständen fortbestehen sah. Ihre Entstehung folgte nicht der „Staatsnotwendigkeit", sondern dem „Bedürfnis der Sonderinteressen gegen den Staat". Landtage hätten nur das Privileg, „ihre besonderen Schranken gegen den Staat geltend zu machen, [...] sie sind also ihrem Wesen nach dem Staat feindlich gesinnt, denn das Besondere ist in seiner isolierten Tätigkeit immer ein Feind des Ganzen" [78: MARX, Ständische Ausschüsse, 283–285]. Dieses negative Urteil übertrug er auch auf die frühere Zeit: „So hatten die Stände des Mittelalters alle Rechte des Landes in sich absorbiert und wendeten sie als Vorrechte gegen das Land" [79: MARX, 6. Rheinischer Landtag, 134]. FRIEDRICH ENGELS (1820–1895) folgte ihm darin und bestätigte das noch in seinen späten Aufzeichnungen zum Bauernkrieg: „Auflösung des Feudalismus, sowie Entwicklung der Städte, beides dezentralisierend, die absolute Monarchie dadurch geradezu nötig gemacht zum Zusammenhalten der Nationalitäten [...] in stetem Kampfe teils mit den Ständen, teils aufständigen Feudalen und Städten; die Stände nirgends abgeschafft" [37: ENGELS, Bauernkrieg, 402].

Die Begründung ergab sich aus der Zentralisierung, welche die absolute Monarchie als Fortschritt gegen ständische „Borniertheit" durchsetzen sollte. Denn damit entstanden leichterer Verkehr und Austausch, der große gesamtstaatliche Markt, auf dem das Bürgertum den Aufstieg zur Klasse erreichen und – im Wege der gesetzmäßigen Abfolge der Gesellschaftsformationen – zum Sturz des Feudalismus ansetzen musste.

<small>Zentralisierung als Fortschritt</small>

In der marxistischen Geschichtswissenschaft blieben negative Bewertung und Desinteresse an der ständischen Verfassung bis zum Ende der stalinistischen Ära verbindlich [94: OESTREICH; AUERBACH, Ständische Verfassung]. Danach gab es Raum für differenzierte Betrachtungen, die auch eine Mitarbeit in der Internationalen Ständekommission ermöglichte. Besonders für Polen und die Nachfolgestaaten der Habsburger Monarchie passte das Schema nicht. In Polen vertraten eher die Stände des Sejm die Reichseinheit als die häufig landfremden Könige und erst recht galt das nach den Teilungen, als Adel und Kirche das einheitliche Nationalbewusstsein entwickelten und pflegten, das nach dem Ersten Weltkrieg wieder zur Staatsgründung führte. Böhmen, Mähren und Ungarn hatten als Nebenländer des habsburgischen Gesamtstaates keine eigenen Monarchen, auch hier waren die Stände Träger einer selbständigen Reichsidee, die sich im 19. Jahrhundert in ein Nationalbewusstsein mit dem Ziel unabhängiger Nationalstaaten entwickelte. Für diese Agrarländer hatte zudem der vorhandene große Markt kaum Bedeutung für einen Aufstieg des Bürgertums; es blieb schwach. So nimmt es nicht wunder, dass aus ihrer Ständegeschichte die marxistische Orientierung verschwand, während die sowjetische wie die Geschichtswissenschaft der DDR an der Zentralisierung als Maßstab festhielten und Stände wie Landstände nur dann positiv bewerteten, wenn sie in ihren Staaten zentralisierend wirkten.

<small>Marxistische Geschichtswissenschaft</small>

<small>Zentralisierung als Maßstab</small>

3. Stände unter dem Paradigma des siegreichen Absolutismus im Kaiserreich

3.1 Georg von Below

In seiner umfangreichen Studie zu Jülich und Berg formulierte GEORG VON BELOW (1858–1927) allgemeine Grundsätze der Entwicklung der Landständischen Verfassung. „Die Landstände des deutschen Mittelalters waren gewisse bevorzugte Klassen eines Territoriums in korporativer Vereinigung, die dem Landesherrn gegenüber das Land vertra-

<small>Landstände sind bevorzugte Klassen</small>

ten". Sie seien damit prinzipiell von einer modernen Volksvertretung zu unterscheiden. Entsprechend dem in der politischen Theorie seiner Zeit üblichen Gegensatz von Staat und Gesellschaft, betonte VON BELOW den Dualismus von Landesherren und Landständen, „von welchen beiden Gliedern jeder Träger eines selbständigen Rechtssubjekts war" [8: VON BELOW, Jülich und Berg, Bd. 1, 4]. Letztere übten die Vertretung aus eigenem Recht, seien daher keine Kollegien, sondern Korporationen, die in erster Linie ihre eigenen, in zweiter erst die Interessen des Landes verfolgten.

Einungen nicht Ursprung der Landtage

In Auseinandersetzung mit OTTO VON GIERKE bestritt GEORG VON BELOW die Bedeutung von Einungen: „Nicht von einem einzigen Landtag läßt sich nachweisen, dass der Landtag in einer Einung seinen Ursprung hat" [8: VON BELOW, Jülich und Berg, Bd. 1, 64], während VON GIERKE gerade die Umbildung der älteren Genossenschaften zu ständischen Korporationen durch Einungen bewirkt sah. Dagegen setzte VON BELOW die entscheidende Bedeutung der Landesherren, die diesen Prozess erst durch Konsolidierung ihrer Territorien in Gang gebracht hätten. Als die Gerichtsherrschaft sich zur Landeshoheit verdichtete, sei mit den Begriffen der Landesinsassen, Untersassen und Untertanen ein durch Grenzen definierter Verband entstanden, der die ursprünglich durch Herkommen oder Verträge gewillkürten Genossenschaften zu Zwangsgenossenschaften mit fester Verbindung zum Land gemacht habe. Als Kennzeichen territorialer Konsolidierung sah VON BELOW die Anforderung neuer Leistungen durch die Fürsten, welche die Stände gegen Konzessionen auch bewilligten. Hier hätten die zustimmungsberechtigten Landesinsassen ein Interesse des Landes entwickelt und Widerstand gegen Landesteilungen und Veräußerungen von Land geleistet.

Anforderung neuer Leistungen

Finanzen

Breiten Raum nehmen bei VON BELOW die Finanzen ein. Die ältere Bede habe, selbst wenn sie – wie in Jülich und Berg – bis zum Ende des Heiligen Römischen Reiches erhoben wurde, zur Deckung staatlicher Aufgaben nie ausgereicht. Außerordentliche Steuern wurden mit der Konsolidierung der Territorien unabdingbar. Im Nebeneinander landesherrlicher und landständischer Steuerkassen habe der Dualismus klar Ausdruck gewonnen. Dabei sei den landständischen Steuern finanzpolitischer Fortschritt zuzubilligen, weil sie zum einen mit Einführung der Bonitierung von Landbesitz die Besteuerung nach Leistungsfähigkeit förderten, zum anderen die Einnahmen zentralisierten und damit dem bewilligten Zweck zuführten. Die Forderung wie Bewilligung von Steuern zum Landeswohl habe „die Annäherung an die moderne Steuer, an den modernen Staat mit sich gebracht" [8: VON BELOW, Jülich und Berg, Bd. 3, 2, 205].

Steuern führen zum modernen Staat

3. Stände unter dem Paradigma des siegreichen Absolutismus   47

In seiner allgemeinen und vergleichenden Darstellung der Landständischen Verfassung, die 1923 in zweiter Auflage erschien, ging VON BELOW auf einen weiteren umstrittenen Punkt ein: ob Stände nur sich selbst, ihren Grundbesitz mit ihren Hintersassen oder das ganze Land vertreten hätten. Die Quellen, führte er aus, „lassen keinen Zweifel, dass man damals in den Ständen wirkliche Vertreter des ganzen Landes sah" [9: VON BELOW, System, 121]. Die Landtage hätten – etwa bei der Steuerbewilligung – ihre Beschlüsse ebenso verbindlich für alle Untertanen gefasst, wie sie die Beschwerden im Namen des ganzen Landes erhoben. Trotz klarer Unterschiede zur modernen Repräsentativverfassung – gewohnheitsrechtliche Vertretung ohne Wahl, Abhängigkeit von Instruktionen, Trennung in ständische Gruppen – sei die „Bezeichnung Repräsentation" auch für die älteren Landtage angemessen [Ebd., 127]. Zugleich vollzog VON BELOW in der Bewertung der Landstände in gewisser Weise einen Paradigmawechsel, der mit den neuen Verfassungsverhältnissen der Weimarer Republik zusammen hing. Bemüht um Ausgewogenheit, stellte er auch die Verdienste der Landstände um das Landeswohl heraus, indem sie persönlichen und schädlichen Ambitionen der Fürsten häufig Widerstand entgegen setzten und, etwa im Fall der Niederlande, dem Monarchen den Gehorsam aufkündigten und staatliche Unabhängigkeit durchsetzten. Dabei übersah er nicht die Konkurrenz der Stände untereinander, welche er als „Kampf um die ständische Teilung des wirtschaftlichen Daseins" bezeichnete [Ebd., 150], der zu Lasten der nicht direkt Vertretenen, insbesondere der Bauern stattgefunden habe.

Vertretung des ganzen Landes

Verdienst der Landstände

3.2 Felix Rachfahl

Die Ergebnisse seiner Forschungen über die ostdeutschen und niederländischen Territorien legte FELIX RACHFAHL (1867–1925) – zum Teil in Auseinandersetzung mit FRIEDRICH TEZNER [124: Technik und Geist] und WILHELM SCHIEFER [114: Repräsentationscharakter] – in drei großen Studien dar [106: Dualistischer Ständestaat, 107: Alte und neue Landesvertretung, 108: Landstände]. Anders als die ältere Forschung, insbesondere OTTO VON GIERKE [48: Genossenschaftsrecht], sah er die Anfänge der Landstände nicht in Einungen oder Landdingen, sondern in den Steuerforderungen der Fürsten des 13. Jahrhunderts, in deren Zusammenhang auch das Reichsweistum von 1231 stehe [5: ZEUMER, Quellensammlung, 52]: Mit den *melioribus et majoribus terre* seien die Notabeln des Landes gemeint, die neues Recht zur Erhebung einer Steuer bewilligen müssten. Als früheste Belege führte er Bedeverträge

Steuerforderungen des 13. Jhs. markieren Anfänge der Landstände

in Schlesien 1249, in der Grafschaft Schwerin 1279 und in Brandenburg 1280 an. Allerdings könne man von einer Landständischen Verfassung erst sprechen, wenn es Landtage als feste Institutionen gebe, die immer von den Landesherren durch Privilegierung geschaffen worden seien. Zwar habe beim korporativen Zusammenschluss der einzelnen Stände das Einungswesen als Modell eine Rolle gespielt, aber konstitutiv sei ihre Anerkennung als Vertretung des Landes durch den Landesherrn. Diese hätten wegen ihrer finanziellen Nöte Interesse nicht nur an Steuern bewilligenden Landtagen, sondern – in zusammengesetzten Territorien – auch an Gesamt- oder Generallandtagen gehabt, so in Brandenburg, Sachsen, Bayern, Schlesien, Böhmen und in den Niederlanden.

Dualismus Landesherr – Landstände

Das Verhältnis von Landesherr und Landständen sah RACHFAHL als Dualismus, in dem „Landesherr und Landstände als zwei zu keiner höheren Einheit verbundenen, von einander relativ unabhängige und selbständige Subjekte staatlichen Rechts und staatlicher Gewalt einander gegenüber stehen" [106: RACHFAHL, Dualistischer Ständestaat, 208]. Die Landstände verhandelten und *paktierten* mit dem Landesherrn „wie mit einer fremden Macht" [107: RACHFAHL: Alte und neue Landesvertretung, 144]. Als Bestandteile des autonomen ständischen Rechts nannte er das Widerstandsrecht, das Recht auf Verweigerung der Huldigung, das Selbstversammlungsrecht, das Recht auf eigene Gesetzgebung – insbesondere bei der Steuerbewilligung – zusammen mit dem Aufbau einer ständischen Finanzverwaltung einschließlich eigener Kassen, schließlich das Recht auf selbständige Verhandlungen mit auswärtigen Mächten.

Stände vertreten das ganze Land

Die Landstände vertraten das gesamte Land, ja sie wurden „als identisch mit dem Land selber betrachtet und behandelt". Denn die Beschlüsse der Landtage galten für alle Untertanen. Zwar geschah die Vertretung durch eine kleine Gruppe nicht aufgrund eines Mandates, sondern gewohnheitsrechtlich, vergleichbar der Vertretung Unmündiger in Vormundschaften. Dabei schloss die Vertretung des Landesinteresses die Verfolgung von „egoistischen Klasseninteressen" keineswegs aus [107: RACHFAHL: Alte und neue Landesvertretung, 109].

Verdienste der Stände

Gegen mögliche Kritik hob RACHFAHL die Verdienste der Stände hervor. Sie hätten insgesamt „den staatlichen Fortschritt, politisch und rechtlich, mächtig gefördert", indem sie Landesteilungen zu verhindern suchten, Landfrieden und Rechtspflege förderten, im Wege der Policey Wirtschaft wie Verwaltung regelten und das Finanzwesen organisierten. Sie zwangen die Fürsten zu erhöhter Aktivität und bewahrten das „Repräsentationsprinzip in Deutschland vor dem völligen Untergang".

3. Stände unter dem Paradigma des siegreichen Absolutismus 49

Die Verfassungsbewegungen des 19. Jahrhunderts hätten daran anknüpfen können. In den Niederlanden hätten die Stände schon viel früher eine „Föderativrepublik" gründen können [Ebd., 128 f.]. In Deutschland siegte jedoch der Absolutismus endgültig mit dem Dreißigjährigen Krieg. Der Aufstieg des abstrakten Staatsgedankens und der fürstlichen Souveränität habe den Dualismus beseitigt, ständische Privilegien der „utilitas" oder „necessitas publica" unterworfen und den allgemeinen Gehorsam als Grenze ständischer Rechte errichtet. Damit seien die Stände zu „Maschinen zur Steuerbewilligung", zu „Huldigungskörperschaften" und Trägern einer „bedeutungslosen Selbstverwaltung" abgesunken [106: RACHFAHL, Dualistischer Ständestaat, 216; 107: RACHFAHL: Alte und neue Landesvertretung, 126 f.].

<small>Absolutismus</small>

3.3 Friedrich Tezner, Wilhelm Schiefer

In lebhafter Polemik setzte sich RACHFAHL mit Vertretern einer fürstlich-absolutistischen Position bei der Beurteilung der Landstände auseinander. FRIEDRICH TEZNER (1856–1925) verneinte ihren Vertretungscharakter und leugnete den Dualismus ebenso wie die Bedeutung des Dreißigjährigen Krieges für die Entwicklung der Landständischen Verfassung [124: TEZNER, Technik und Geist]. Nie hätten die Stände das ganze Land vertreten können, weil sie von den Vertretenen kein Mandat dazu erhalten hätten. Den Fürsten habe das alleinige Gesetzgebungsrecht zugestanden mit der Freiheit, Landtage einzuberufen und ihre Beschlüssen zu akzeptieren oder nicht. Einen Dualismus habe es nicht gegeben, allenfalls einen „Trialismus von Fürst, Ständen und der politisch rechtlosen Masse des Volkes" [TEZNER in: 106: 207]. Weil Landtagsbeschlüsse immer nur unter der Autorität der Landesherren gefasst wurden, stelle die Schwächung ständischer Rechte seit dem 17. Jahrhundert nichts Neues dar. Mit ähnlichen Argumenten bezweifelte WILHELM SCHIEFER (1885-nach 1929) die Vertretung des Landes durch die Stände. Sie hätten kein Mandat der Untertanen erhalten, sondern als Herrschaften und Obrigkeiten und nur die Patrimonialherrschaften repräsentieren können [114: SCHIEFER, Repräsentationscharakter]. RACHFAHL hingegen hielt an seinen Auffassungen fest und belegte sie mit Beispielen aus zahlreichen Territorien. Weil für ihn die Landstände das gesamte Land vertraten, sah er eine Kontinuität zwischen altständischer und moderner Repräsentation.

<small>RACHFAHL gegen fürstliche Positionen TEZNERS und SCHIEFERS</small>

3.4 Hans Spangenberg

Dualismus Landesherr – Stände

Zu den entschiedenen Vertretern der Auffassung vom Dualismus zwischen Fürst und Ständen gehört HANS SPANGENBERG (1868–1936). Beide betrachtete er, wie FELIX RACHFAHL, als zwei voneinander unabhängige Träger staatlichen Rechts. Der Dualismus sei geradezu ein „Kennzeichen des neuen ständischen Staatswesens" [120: SPANGENBERG, Lehensstaat, 45], entstanden durch die Verleihung politischer Rechte an die Stände, die zur Entstehung von Herrschaften mit eigener Selbstverwaltung und Gerichtsbarkeit geführt hätte. Das Einungs- und Widerstandsrecht der Stände habe diesen politischen Dualismus gestärkt. Sie hätten sich als „intermediäre Gewalten" zwischen Herrschaft und Volk geschoben und damit die „junge Geschlossenheit des Territoriums" durchbrochen [Ebd., 55, 79]. Es sei ihnen nicht um das Wohl des Landes gegangen, sondern um die Beschränkung der fürstlichen Regierung bei Erweiterung ihrer Sonderrechte.

Vertretung des Landes durch fürstliche Gewalt

Gestützt auf seine Forschungen zur Mark Brandenburg und im Anschluss an GEORG VON BELOW und FELIX RACHFAHL betonte SPANGENBERG weiter, die Vertretungskompetenz der Stände für das ganze Land sei nicht durch Vollmacht der Regierten, sondern durch landesherrliche Gewalt entstanden. Die Landständische Verfassung sei nicht aus den älteren gewillkürten Einungen hervor gegangen, vielmehr hätten die Fürsten sie durch regelrechte Einberufung von Landtagen mit mehreren Kurien geschaffen. Nur Bayern und Schlesien könnten als Ausnahmen gelten. Zentrale Bedeutung für die Entstehung und Ausprägung der Landständischen Verfassung wies SPANGENBERG den Finanzen und Steuern zu. Ein Steuerbewilligungsrecht hätten die Stände nicht erworben, sondern sich in den frühen Bedeverträgen – Schuldenübernahme durch die Stände gegen Verzicht der Fürsten auf Erhebung der *Bede* genannten Abgabe – von fürstlicher Besteuerung befreit. Doch habe sich ein Steuerbewilligungsrecht aus der Anerkennung der vier Notfälle ergeben, für die Hilfe geleistet werden musste: 1. Allgemeine Landesnot, 2. Gefangenschaft des Landesherrn, 3. Schwertleite eines Prinzen, 4. Verheiratung einer Prinzessin. Darüber hinaus hätten die Stände die Rolle von Vermittlern und Schiedsrichtern übernommen und zwar bei Fragen der Erb- und Thronfolge, bei Wechsel der Dynastie und Wahl eines Regenten, auch bei der Einführung neuer Ordnungen.

Finanzen

Stände als Schiedsrichter

Auflösung des Lehensstaates

Den älteren Lehensstaat sah SPANGENBERG durch die Erblichkeit der Lehen und die Ausbildung eigenständiger Herrschaftsbezirke in seiner Einheitlichkeit aufgelöst. Neue Einheit und Zentralisierung schufen die Fürsten unter Rückgriff auf das Römische Recht und durch Zusammenfassung ihrer Territorien in Gesamtlandschaften mit Vertretung auf Landtagen. In der Anfangszeit habe zwar der fürstliche Rat – sozusagen konkurrierend oder als Ersatz – ständische Befugnisse wahrgenommen, aber schließlich seien die Landtage – in der Regel zusammengesetzt aus den Kurien des Adels, der Geistlichkeit und der Städte – als dauernde Institutionen mit festen Befugnissen entstanden: 1. Beratung neuer Gesetze, 2. Bewilligung außerordentlicher Steuern, 3. Verhandlungen gerichtlicher oder schiedsrichterlicher Art. Das war der Ständestaat. Ständestaat

Versagen und Verdienst, Tadel und Lob verteilte SPANGENBERG einseitig. Verfolgten die Stände nur ihre egoistischen Interessen, sorgten sich die Fürsten allein um das staatliche Gemeinwohl. Ihre Gewalt „erzog die in Sonderinteressen und Privilegiensucht entarteten Stände allmählich wieder zu einer staatlichen Gesinnung". Landessteuern wirkten dabei als „wichtigstes Erziehungsmittel". Den Fürsten gehörte die Zukunft: „Der absolute Staat ward zur Devise der Zeit" [120: SPANGENBERG, Lehensstaat, 192, 194]. Der damit gesetzte Blickwinkel lässt die von SPANGENBERG selbst angeführten differenzierenden Gegenbeispiele außer Acht, auf der einen Seite etwa das starke Einungswesen im Interesse des jeweiligen Landes und des Landfriedens, die durchaus vorhandene Kontinuität von den Einungen zu den Landtagen, auf der anderen Seite die sehr unterschiedlichen politischen Fähigkeiten der Fürsten, die eher selten ein über die Dynastie hinausgehendes Interesse verfolgten und häufig von finanzieller Verantwortung weit entfernt handelten. Mit seiner Option für den Absolutismus stand SPANGENBERG nicht allein, aber für alle Zeit verbindlich ist sie gewiss nicht.

Bewertung einseitig

Absolutismus als Fortschritt

4. Neue Ansätze der Ständeforschung nach dem Ersten Weltkrieg

4.1 Internationale Ständekommission

Es mochte wie eine Abwehr gegen die Bedrohung der Demokratie in Mittel- und Osteuropa erscheinen, als der belgische Verfassungshistoriker EMILE LOUSSE auf dem Siebten Internationalen Historikerkongress in Warschau 1933 vorschlug, in internationaler Zusammenarbeit die Geschichte politischer, repräsentativer und beratender Versammlungen Alteuropas zu erforschen: „l'histoire des assemblées politiques, représentatives et délibérantes de l'Europe ancienne" [136: Standen en

Europäische Ständeversammlungen als Vorstufen moderner Demokratie

52 II. Grundprobleme und Tendenzen der Forschung

Gründung der CIHAE 1936 Bukarest

Bibliografien Terminologie Monografien

Neugründung 1950 Paris

Ständeversammlungen und Parlamente

Zeitschrift (1950) Standen en Landen

Landen 1 (1950) Avertissement]. Vertreter aus acht Ländern erstellten einen Arbeitsplan, der in Bukarest 1936 gebilligt wurde und zur Gründung der *Commission pour l'étude des origines des Assemblées d'Etats* führte, die sich kurz danach den endgültigen Titel *Commission internationale pour l'histoire des Assemblées d'Etats* gab. Ihre Mitgliedschaft wuchs bis 1939 auf zwölf Länder: Belgien, Deutschland, Frankreich, Großbritannien, Italien, Niederlande, Polen, Schweiz, Spanien, Tschechoslowakei, Ungarn, USA.

Die Kommission setzte sich als Ziele, internationale Bibliografien zu erstellen, kritische Quelleneditionen zu fördern, die Terminologie zu vereinheitlichen und Monografien wie vergleichende Synthesen anzuregen. Bis zum Beginn des Krieges fanden jährliche Tagungen statt; und von 1937 bis 1949 erschienen neun Bände der *Etudes présentées à la Commission* mit Forschungsergebnissen zur Ständegeschichte. Nach dem Krieg konstituierte sich die Kommission im Rahmen des Neunten Internationalen Historikerkongresses in Paris 1950 neu und gab sich, parallel zum französischen, den englischen Titel *International Commission for the History of Representative and Parliamentary Institutions*. Zu den zwölf Mitgliedsländern von 1939 traten sechs hinzu: Argentinien, Irland, Luxemburg, Österreich, Portugal, Schweden. Die Kommission sah sich in ungebrochener Kontinuität der europäischen Demokratie und setzte sich als Ziel „Forschungen über Entstehung und Wachstum der repräsentativen und parlamentarischen Institutionen zu fördern, die – ausgehend vom Europa des Mittelalters – sich nun über die ganze Welt verbreitet haben". Im einzelnen schlug die Kommission vor, die Erstellung von Bibliografien und vergleichenden Studien zu erweitern durch Untersuchungen zur politischen Theorie und zur institutionellen Praxis der Repräsentation, zur inneren Organisation und zur sozialen wie politischen Zusammensetzung von Parlamenten und Ständeversammlungen [136: Standen en Landen 11 (1956), Anhang]. Ohne methodische Vorgaben zu liefern, bot die Kommission auf ihren regelmäßigen Tagungen ein Forum für den Austausch und die Diskussion von Forschungsergebnissen über ideologische Grenzen hinweg. Das zeigt sich nicht zuletzt an der Erweiterung der Mitgliedschaften: 1957: Kanada, Sowjetunion, 1958 Jugoslawien; 1961: Dänemark, Madagaskar, Zypern; 1962: Äthiopien; 1963: Griechenland, Japan, Kongo-Leopoldville, Türkei; 1966: Finnland, Neuseeland, Norwegen, Rumänien; 1968: Kongo-Kinshasa.

Gleichzeitig mit der Internationalen Ständekommission beschloss ihre belgische Sektion die Intensivierung ihrer Aktivitäten und gründete eine neue Zeitschrift: *Standen en Landen / Anciens pays et assem-*

4. Neue Ansätze der Ständeforschung nach dem Ersten Weltkrieg 53

blées de'états, die seit 1950 erscheint. Im Vorwort zum zweiten Band 1951, das seitdem fast jedem Heft voran gestellt ist, betonten die Herausgeber, dass die Entstehung und Entwicklung von Ständeversammlungen nicht nur das Fachinteresse der Historiker verdiene, sondern auch das der interessierten Öffentlichkeit; denn die Repräsentativverfassung und die parlamentarische Regierungsweise – „le régime représentatif et parlementaire" – habe sich in allen Nationen durchgesetzt, die sich einem gleichen Typ der Zivilisation näherten. Belgien sei 1830 aus zwei ungleichen Teilen entstanden: aus dem Fürstbistum Lüttich mit über 500 Jahren ungebrochener Kontinuität Landständischer Verfassung und aus den spanischen, später österreichischen Niederlanden, in denen fürstlicher Absolutismus über 200 Jahre Ständeversammlungen unterdrückte. Im Mittelpunkt der belgischen Forschungen sollten das Land und die Provinz stehen – „le pays, la province" –, aber die neue Zeitschrift stand für die Veröffentlichung aller Ergebnisse internationaler Ständeforschung offen. Dieses Versprechen wurde eingehalten. *Standen en Landen* übernahm die Funktion eines Periodikums der Internationalen Ständekommission, in dem über alle ideologischen Grenzen hinweg Ständeforscher aller Mitgliedsländer zu Wort kamen. Hier kam eine europäisch-überseeische Kooperation in Gang, die auch der sich verschärfende Ost-West-Konflikt nicht hinderte. Neben Monografien zur Geschichte der alten Niederlande veröffentlichte die Zeitschrift in lockerer Folge Sammelbände zur vergleichenden Ständegeschichte und berichtete über die Tagungen der Internationalen Ständekommission.

Kooperation trotz Ost-West-Konflikt

Seit Ausgang der 1970er Jahre vollzog sich ein Wandel der in der Zeitschrift behandelten Themenbereiche. Die Verfassungsgeschichte trat zurück und machte für sozial- und wirtschaftsgeschichtliche wie personalgeschichtliche Untersuchungen Platz. Ständegeschichte im engeren Sinne verschwand. Sie wurde jedoch in der neuen Zeitschrift *Parliaments, Estates and Representation* wieder aufgenommen, die seit 1981 als eigenes Publikationsorgan der Internationalen Ständekommission erscheint. Darin werden, meistens in englischer Sprache, kürzere Abhandlungen zur Geschichte der Ständeversammlungen in verfassungshistorischer Sicht veröffentlicht. Ebenso übernahm die neue Zeitschrift die regelmäßige Berichterstattung über Aktivitäten und internationale Tagungen der Ständekommission. Eine gewisse Schwerpunktverlagerung in den englischsprachigen Raum ist unverkennbar, aber diese ist auch der Entwicklung der deutschen Geschichtswissenschaft zuzuschreiben, die sich anderen Feldern als der Ständegeschichte zuwandte.

Neue Zeitschrift (1981) *Parliaments, Estates and Representation*

4.2 Otto Hintze

Vergleichende Ständeforschung

Schon vor Gründung der Internationalen Ständekommission hatte OTTO HINTZE (1867–1940) vergleichende Ständeforschung begonnen und durch Bildung von Typen neue Erkenntnisse zu gewinnen versucht. Als bahnbrechend – wiewohl lange von der Fachwissenschaft nicht rezipiert – dürfen seine Aufsätze der Jahre 1929–1931 gelten.

Typologie

Typen waren für HINTZE „anschauliche Abstraktionen", die halfen, die kaum übersehbare Vielfalt der Erscheinungen zu ordnen, zu gruppieren, zu vergleichen und wesentliche Merkmale der Ausprägung sowie der Entwicklung zu ermitteln [58: HINTZE, Feudalismus, 85]. In seinen grundlegenden, bis heute kaum überholten Abhandlungen untersuchte er die Ständische Verfassung aus welthistorischem Blickwinkel [57: HINTZE, Typologie; 56: HINTZE, Bedingungen]. Mit Nachdruck hob

Kontinuität von ständischer zu moderner Repräsentation

er die Kontinuität hervor und sah im „ständische[n] Repräsentativsystem [...] die Vorform des modernen konstitutionellen Systems, das dann allmählich die ganze zivilisierte Welt erobert hat und heute in dem Parlamentarismus gipfelt" [58: HINTZE, Bedingungen, 185]. Doch sei die Ständische Verfassung allein im romanisch-germanischen Kern des christlichen Abendlandes entstanden und habe von dort Ausstrahlungskraft für ganz Europa gewonnen. Nur für Europa könne als verfassungsgeschichtliche Epochenfrage gelten: Feudalstaat, Ständestaat, Absolutismus (nicht überall), Repräsentativstaat.

Feudalismus

Für die Ausbildung des Ständestaates nannte HINTZE drei Bedingungen: 1. Feudalismus, 2. christliche Kirche, 3. Konkurrenzkampf der Mächte und „die damit zusammenhängende Modernisierung, d. h. Intensivierung und Rationalisierung des Staatsbetriebes" [56: HINTZE, Bedingungen, 144]. Militärisch bedeutete der Feudalismus die Herausbildung eines berufsmäßigen Kriegerstandes, der dem Herrscher vertraglich zur Treue verpflichtet und von diesem privilegiert war. Der Feudalismus löste die Sippenverbände wie auch andere ältere Herrschaftsverbände auf und setzte ein Kontraktverhältnis mit fixierten gegenseitigen Rechten und Pflichten an ihre Stelle. Damit sei in gewissem Sinne ein Rechtsstaatsprinzip gegeben, ein Ansatzpunkt zur Artikulation und Repräsentation ständischer Interessen.

Christliche Kirche

Die christliche Kirche vermittelte antike Traditionen von Recht und Administration. In den weltlichen Kanzleien besorgten hohe Geistliche die Geschäfte und beeinflussten dadurch maßgeblich Staatsauffassung und -tätigkeit. Früh erwarb die Kirche Privilegien und Immunitäten, also lokale Herrenstellung, und wandelte sich im Verlaufe des Investiturstreits zur autonomen Anstalt, die aus politischem Interesse

4. Neue Ansätze der Ständeforschung nach dem Ersten Weltkrieg

gegenüber den Fürsten das Wahlprinzip und die Volkssouveränität hervorhob und zu stärken suchte. Ihre Konzilien mit bewährten Verfahrensweisen sowie der dem kanonischen Recht entnommene Grundsatz *Quod omnes tangit, ab omnibus approbari debet* konnten leicht als Muster für rein weltliche Interessenvertretungen dienen.

Der früh einsetzende Konkurrenzkampf der europäischen Staaten führte in ein Staatensystem, das – bei fortbestehendem Wettbewerb – ein Nebeneinander seiner Mitglieder ermöglichte. Ständiger Konkurrenzdruck erforderte Intensivierung und Rationalisierung des Staatsbetriebes, die sich nur mit Hilfe der militärisch und finanziell leistungsfähigen Stände erreichen ließen. Diese schlossen sich – bedrängt durch steigende Leistungsanforderungen – korporativ zusammen und bewilligten Hilfe nur gegen politische, wirtschaftliche sowie soziale Konzessionen. So wirkten „Steuerforderungen [...] gleichsam als Schwungrad der ständischen Verfassungsentwicklung" [56: HINTZE, Bedingungen, 148].

<small>Konkurrenz Staatensystem</small>

Ausprägung und Entwicklung der Ständischen Verfassung verliefen keineswegs einheitlich. Um die Vielfalt der Erscheinungen zu ordnen und mögliche Regelhaftigkeiten aufzuspüren, forderte HINTZE vergleichende Forschung. Er selbst machte den Anfang und entwarf eine Typologie, die zwei Gruppentypen Ständischer Verfassung umfasste: das Zweikammernsystem (im Randbereich des Karolingerreiches) und das Dreikuriensystem (im Kerngebiet des Karolingerreiches) [57: HINTZE, Typologie, 124]. Im erstgenannten tagte und beriet die Ständeversammlung in zwei ständisch gemischten Abteilungen: hoher Adel und hohe Geistlichkeit in einem Oberhaus, niederer Adel und Stadtbürgertum in einem Unterhaus. Dagegen herrschte im Dreikuriensystem ständische Homogenität: Adel, Geistlichkeit und Bürgertum traten je in einer eigenen Kurie zusammen. Das Zweikammernsystem war das ältere, hervorgegangen aus dem hocharistokratischen *Magnum Consilium* des Königs, zu dessen Beratungen in wichtigen Dingen eine Versammlung der übrigen privilegierten Stände hinzugezogen wurde. Das jüngere Dreikuriensystem entsprach dem rationellen Staatsbetrieb; die Herrscher förderten ganz bewusst seine Ausbildung im eigenen Interesse, um ein funktionsfähiges und gefügiges Beratungsgremium als Verhandlungspartner zu gewinnen. Überwog im Zweikammernsystem das genossenschaftliche Element, so gewann im Dreikuriensystem das herrschaftliche die Oberhand. Das blieb für die spätere Entwicklung nicht ohne weitreichende Folgen. Die Zweikammernparlamente festigten ihre Stellung, setzten in der frühen Neuzeit als Staatsform die parlamentarisch beschränkte Monarchie durch und

<small>Zweikammern- und Dreikurien-System</small>

führten im 19. Jahrhundert in die parlamentarische Demokratie. Hingegen wurden Dreikurienparlamente meistens von der absoluten Monarchie besiegt oder gar beseitigt, und die Neubelebung des Parlamentarismus im 19. Jahrhundert konnte in Deutschland vorerst nur die konstitutionelle Monarchie erreichen.

England und Frankreich als Beispiel für beide Systeme

Die beiden Typen der Ausprägung und Fortentwicklung Ständischer Verfassung hatte HINTZE an den Beispielen England – Parlament mit Ober- und Unterhaus – und Frankreich – Generalstände in drei Kurien – gewonnen und ordnete ihnen die anderen europäischen Länder zu. Zum Dreikuriensystem zählte HINTZE – außer Frankreich – Aragon, Neapel-Sizilien und die meisten deutschen Territorialstaaten; zum Zweikammernsystem – neben England – die skandinavischen Länder, Polen, Böhmen, Ungarn und – mit gewisser Einschränkung – auch Kastilien, Leon sowie einige östliche Territorien des deutschen Reiches: Ostpreußen, Sachsen, Schlesien.

Schwächen der Typologie

Dass allerdings diese Einteilung nicht immer glatt aufging, gestand HINTZE ein. Namentlich die Verfassung des deutschen Reiches – zweifellos in der Nachfolge des Karolingerreichs und damit Frankreich nahe stehend – blieb dem hier untypischen Zweikammernsystem verhaftet, das Kollegium der Kurfürsten bildete „eine allererste Kammer" [57: HINTZE, Typologie, 127]. HINTZE erklärte das mit dem Ausbleiben der Rationalisierung des Staatsbetriebes auf Reichsebene; diese Entwicklung habe sich allein in den Territorien und zu Lasten des Reiches vollzogen, so dass der Reichstag in seiner älteren Form steckengeblieben sei. Bei den Landständen in den Territorien berücksichtigte HINTZE nicht die geistlichen Fürstentümer, in denen die Domkapitel als Wahlkörperschaft eine besondere, dem Kurfürstenrat auf Reichsebene vergleichbare Rolle spielten. Diese von HINTZE zum Teil selbst dargelegten Abweichungen gaben bisher keinen Anlass, seine Typologie zu modifizieren. Unwidersprochen stellte GERHARD OESTREICH noch 1976 fest, sie sei im wesentlichen anerkannt [94: OESTREICH; AUERBACH, Ständische Verfassung, in: 92: 177–179].

Gültigkeit der Typologie

4.3 Otto Brunner

Land und Herrschaft

Hatte OTTO HINTZE mit seinen vergleichenden Arbeiten eine welthistorische Perspektive eröffnet, lenkte OTTO BRUNNER mit seiner 1939 erstmals erschienenen Untersuchung zu *Land und Herrschaft* zurück in die Geschichte der österreichischen Länder; sie wurde ein bahnbrechender Klassiker. BRUNNER stellte radikal die traditionelle Mittelalterforschung in Frage, indem er ihr vorwarf, mit modernen Begriffen die

4. Neue Ansätze der Ständeforschung nach dem Ersten Weltkrieg 57

Vergangenheit erfassen und darstellen zu wollen. Ein tragfähiger Kompromiss zwischen der Sprache der Quellen und einer modernen Terminologie sei nicht zu finden. Bezogen auf sein engeres Thema sprach er vom „Versuch – ein Versuch der notwendigerweise kläglich scheitern muß – in der Sprache des 18. und 19. Jahrhunderts das Wesen der mittelalterlichen Landschaft zu beschreiben" [25: BRUNNER, Land und Herrschaft, 415]. In gleicher Weise wandte er sich gegen die Verwendung der historischen Landständischen Verfassung als Argumentationshilfe in der damals aktuellen politischen Auseinandersetzung um „Ständeordnung oder klassenlose Gesellschaft" und machte auf den Unterschied zwischen der „Korporationsverfassung des Faschismus" und der katholischen Soziallehre aufmerksam, wie sie in der Enzyklika *Quadragesimo anno* von 1931 mit dem Ziel der Überwindung des Klassenkampfes bei Aufrechterhaltung der Trennung von Staat und Gesellschaft formuliert war [Ebd., 398]. Landstände sind keine politische Argumentationshilfe

Moderne Begriffe wie Staat und Gesellschaft, Fürsten- und Volkssouveränität, Öffentliches Recht und Privatrecht verwarf BRUNNER als ungeeignete Instrumente. Vielmehr wollte er die angemessene Terminologie aus den Quellen gewinnen, damit die mittelalterlichen Stände als „Verbände in ihrem tatsächlichen Handeln beschrieben werden können [...]. Stand als Gliederung des Landvolkes ist in der Verfassung des Landes begründet, kein ‚Überbau' über einem gesellschaftlichen Unterbau". Deutlich gegen HINTZE und VON BELOW gerichtet, ergänzte er: „Die Landschaft, die Stände, sind nicht irgendwelche bevorzugte ‚Bevölkerungsgruppen', ‚Standesklassen' usw., die, weil sie sozial angesehen oder wirtschaftlich mächtig waren, zur Vertretung des Landes berufen werden" [Ebd., 163, 402, 412]. Plädoyer für Verwendung von Begriffen aus den Quellen

BRUNNER ging vom mittelalterlichen Begriff des Landes aus, der mit seinen wesentlichen Merkmalen – der Landesgemeinde, dem Landrecht und dem Landfrieden – auf die Frühzeit verweise. Das Land „im ursprünglichen und vollen Sinn ist eine ‚Genossenschaft' im Sinne Otto von Gierkes". Träger der „Rechts- und Friedensgemeinschaft ist das Landvolk. Dieses Land kann, muß aber nicht einen Landesherrn haben" [Ebd., 236, 235]. Doch benötige es einen Leiter der Gerichtsversammlungen und eines Führers im Krieg. Das sei meistens der Landesfürst, in den bäuerlichen Ländern der Eidgenossenschaft hingegen der gewählte Landammann. Land und Herrschaft betrachtete BRUNNER als „komplementär [...]. Landesherr und Landesgemeinde zusammen bilden das Land. Für beide ist das Landrecht verbindlich [...] als eine über Fürst und Landvolk stehende Ordnung" [Ebd., 394, 423]. Souveränität und Dualismus sowie die damit verbundenen Konflikte gebe es Definition von Land und Herrschaft hier nicht, vielmehr handelten beide gemeinsam in Gericht und Heer in gegenseitiger Verpflichtung, welche in der Erbhuldigung – in Österreich bis 1848 – sinnfällig zum Ausdruck komme. Der Landesherr gewähre allgemeinen Schutz für Land und Leute zur Wahrung des Landfriedens, besonderen Schutz den nicht fehdefähigen, also nichtadeligen Leuten: das waren landesfürstliche Kirchen und Klöster, Städte und Bürger, bäuerliche Grund- und Vogtholden, dazu die Angehörigen seines Hofes, Juden und auf den Straßen ziehende fremde Leute. Diese alle gehörten zum Kammergut als dem innersten Kern der landesfürstlichen Gewalt.

Gliederung der Landesgemeinde

Aus diesem Schutz ergebe sich im Fall der Landesnot die Pflicht der Landesgemeinde zu Rat und Hilfe. Diese gliedere sich – in nur lockerer Verbindung mit mittelalterlichen Ständelehren wie die von der Dreiteilung der Christenheit in Klerus, Ritter, Bauer – in 1. Herren und Ritter, 2. Prälaten, 3. Städte und 4. Täler und Gerichte; letztere nur in Tirol und Salzburg. Herren und Ritter machten als voll wehrfähiger Adel die engere Landesgemeinde aus; dazu gehörten Grafen, Freie und Ministeriale, zu denen später Kleinadelige, Ritter und Knechte hinzutraten. Im 15. Jahrhundert bildeten Prälaten und Städte eigene Stände, obgleich sie eigentlich zum Kammergut und damit nur im weiteren Sinn zur Landesgemeinde zählten. Täler und Gerichte behaupteten sich als eigener Stand nur dort, wo durch Trennung der Grund- von der Gerichtsherrschaft sich ein freies Bauerntum mit genossenschaftlicher Autonomie behaupten konnte [25: BRUNNER, Land und Herrschaft, 394–398].

Landesversammlungen Hoftage Landtage

Gemeinsames Handeln, auch miteinander Verhandeln vollzog sich auf den Gerichtstagen der *Landtaidinge*, als diese verfielen, auf den Hoftagen und seit dem 14. Jahrhundert auf regelrechten Landtagen. Selbst wenn ein unmittelbarer Zusammenhang dieser Institutionen nicht nachweisbar war, ging BRUNNER von Kontinuität in der Sache aus, der „Pflicht" des Landvolkes zu „Rat und Hilfe gegenüber dem Landesherrn", konkret zu Kriegsdienst und Steuerleistung. Daher war die Einberufung alleiniges Recht des Landesherrn, kein Anspruch des Landtages; Teilnahme galt als Pflicht. Nur beim Versagen der Landesherrschaft konnten die Stände ihren Einfluss steigern und etwa das Selbstversammlungsrecht erlangen. Der Landtag verhandelte über den Landfrieden, über Kriegsdienste und Steuern. Aus der Pflicht der Landleute zu „Steuer und Reise" ergab sich die Pflicht zur Steuerbewilligung, die Prälaten und Städte stärker belastete als den Adel, da sie als nicht voll Wehrfähige des besonderen Schutzes des Landesherren bedurften. Beschlüsse des Landtages waren für alle Landleute verbindlich.

4. Neue Ansätze der Ständeforschung nach dem Ersten Weltkrieg 59

Bitten und Beschwerden konnte der Landtag gegen die Forderungen des Landesherrn vorbringen und ihre Erfüllung auch zur Bedingung für Bewilligungen erheben [25: BRUNNER, Land und Herrschaft, 431–435]. Die Frage nach der Repräsentation beantwortete BRUNNER für diese Zeit bündig: „Dieser ganze Vertretungsbegriff ist auf die Landstände nicht anwendbar, die Stände ‚vertreten' nicht das Land, sondern sie ‚sind' es" [Ebd., 423]. Neue Formen im Verhältnis von Land und Herrschaft sah BRUNNER im 15. Jahrhundert entstehen, als sich das Land als „handlungsfähige Korporation„ formierte und die Landesherren parallel dazu ihre Machtsteigerung verfolgten. Aus dem Handeln und Verhandeln habe sich ein Vertragsverhältnis entwickelt, das in den „Dualismus" führe. Selbst wenn es falsch sei, Landesherren und Landstände als „unverbundene Rechtssubjekte" zu sehen, habe ihre Konkurrenz „die gemeinsame Grundlage des über Herrscher und Volk stehenden Rechts" bedroht. Allmählich kam der moderne Souveränitätsbegriff zum Tragen. Mit der Tendenz zum fürstlichen Absolutismus wurde die Rechtsstellung der Stände *prekär*. Siegte der Fürst, wandelte sich die Landschaft zu einer Korporation privilegierter Gruppen ohne politische Mitsprache, auch wenn ihre Institution, der Landtag, bis ins 19. Jahrhundert fortbestand. Setzten die Stände auf ihr Widerstandsrecht, mussten sie die Souveränität für sich beanspruchen und den Landesherrn ausschalten. „Bodin oder Althusius heißt nun die Parole" [Ebd., 426, 438 f.]. Absolutismus verwandelt Landschaft in privilegierte Gruppe

BRUNNERS Kritik an nicht angemessener Begrifflichkeit, verbunden mit detaillierter Analyse der Quellen für eine begrenzte Region erschloss eine neue Dimension in der Entstehung Landständischer Verfassung: die Stufe vor der Formierung regelrechter Landtage. Die gezogene Verbindung von der germanischen Frühzeit zum christlichen Mittelalter erscheint kühn, aber überzeugend. Selbst wenn eine direkte Kontinuität von den älteren Gerichtstagen zu den neueren Landtagen nicht nachweisbar ist, wirkt sie von der Sache her gegeben. Das Land als Einheit von Landleuten und Landesherrschaft unter dem Landrecht bildet eine politische Einheit vor dem institutionellen Flächenstaat der Neuzeit. Allerdings wird das Land von BRUNNER zu konfliktfrei dargestellt. An dieser Stelle mag er von Idealvorstellungen seiner Zeit – Volksgemeinschaft unter Gerichts- und Heerführerschaft – beeinflusst worden sein. Sein Verdienst um die mittelalterliche Ständegeschichte bleibt davon unberührt. Neue Dimension Landständischer Verfassung

Land als Einheit

4.4 Werner Näf

Staat als Lebensform

Moderner Staat

Stände und Fürsten in gleicher Weise für Staatsbildungen verantwortlich

Fast zeitgleich mit HINTZE und BRUNNER – doch ohne Verbindung zu ihnen – erarbeitete WERNER NÄF (1894–1959) eine Neubewertung der Stände, die von einer eher traditionellen Staatsvorstellung ausging. Den Staat betrachtete NÄF als „eine Lebensform" [87: NÄF, Aufbau, 29] in historischer Kontinuität, in der es Stufen zu unterscheiden gelte. Die erste bildete der ständische Staat im 15. und 16. Jahrhundert: Bei „Übernahme der vermehrten staatlichen Aufgaben" sammelte sich die Staatsgewalt an zwei Stellen, bei den Fürsten und den Ständeversammlungen. „Beide, Krone und Stände, steigen jetzt auf" und repräsentieren den modernen Staat. Dualistisch „ist die Auffassung vom Staate: Fürst und Land stehen nebeneinander, gleichberechtigt und eigenberechtigt; aus doppelter Quelle fliesst die Staatsgewalt. Dualistisch ist die Praxis in Verwaltung, Gesetzgebung, Finanzwesen; erst durch Zusammenwirken von Fürst und Ständen kommt Staatstätigkeit zustande".

Selbst wenn auf dem europäischen Festland die Krone schließlich mächtiger wurde als die Stände, falle der Aufstieg des modernen Staates weder zeitlich noch sachlich mit der absoluten Monarchie zusammen. „Der moderne Staat erlebt vielmehr seine erste Darstellung in der Form des dualistisch gedachten und geleiteten Staates in der Form der ständisch beschränkten Monarchie". Stände wirkten der modernen Entwicklung nicht entgegen, vielmehr waren sie „Organ des modernen Staates". Sie repräsentierten die Einheit des Staates gegen Sondergewalten, Abspaltungen und dynastische Abtretungen, Veräußerungen und Teilungen [Ebd., 36–38].

Nach dem Zweiten Weltkrieg bekräftigte NÄF diesen Standpunkt in seinem Vortrag auf dem internationalen Historikertag in Paris 1950 und verlegte die Entstehung des modernen Staates sogar in das 13. Jahrhundert. Den Anteil der Stände daran bewertete er als gleichrangig mit dem der Fürsten. Bildlich sprach er von „der dualistischen Ellipse", deren Brennpunkte – Fürst und Stände – durch Herrschaftsverträge in einem rechtlich „geordneten Verhältnis" stünden. Daneben habe es auch rein genossenschaftliche Staatsbildungen gegeben, etwa in der Schweizer Eidgenossenschaft oder in den Kommunalverbänden der Städte. In einer zweiten Phase der Staatsbildung seit dem 16. Jahrhundert unterschied NÄF, drei Varianten: In England entwickelte sich der Dualismus zum Nebeneinander von Krone und Parlament, in Polen entstand eine Ständerepublik unter „Zersetzung der monarchischen Autorität", doch sei in den meisten Fällen der Dualismus durch monarchischen Absolutismus überwunden worden [88: NÄF, Frühformen, 242].

Den modernen Staat sah NÄF durch wachsende Aufgaben und Kompetenzen gekennzeichnet, durch „eine ungemein gesteigerte staatliche Intensität und durch ein ungemein gesteigertes staatliches Bewusstsein". In Europa entstanden frühnationale Königsstaaten oder fürstliche Territorialstaaten. Daran hätten die Stände und politische Ständeversammlungen – „Etats, Cortes, Landtage" – sowohl „progressiv-offensiv", als auch „konservativ-defensiv" mitgewirkt: einerseits durch Teilnahme an rechtlicher Normsetzung, Bereitstellung der erforderlichen Finanzen, Ordnung der Verwaltung und Regelung der Innen- wie Außenpolitik; andererseits durch Verhinderung von Landesteilungen, Abwehr von Willkür, Kontrolle der Rechtsprechung und Bewahrung der Freiheit von Korporationen innerhalb der Herrschaft. Ein „einseitiger Verwaltungs- und Machtstaat" konnte so nicht entstehen [Ebd., 231, 237, 239f.]. Selbst wenn das „Fürstentum [...] staatsführend handelte" und „die Stände sekundär dazutraten", war keiner der beiden fähig, die Entwicklung allein durchzusetzen; sie mussten zusammen wirken. NÄF befreite damit die Stände vom Odium egoistischer Staatsfeindlichkeit.

Steigerung staatlicher Intensität

Kein einseitiger Macht- und Verwaltungsstaat

5. Streit um neue Bewertungen nach dem Zweiten Weltkrieg

5.1 Dietrich Gerhard

Das von der deutschen Geschichtswissenschaft mehrheitlich vertretene Paradigma vom notwendigen Aufstieg des nationalen Machtstaates unter Verdrängung der Landständischen Verfassung war durch den Ausgang des Zweiten Weltkrieges in Frage gestellt. Eine Revision in der Bewertung des militärisch aktiven Machtstaates musste sich mit einer neuen Bewertung der Stände verbinden; Anstöße kamen zunächst von außen. Hatte NÄF die Entstehung des modernen Staates in das 13. Jahrhundert verlegt und den Anteil der Stände daran als Verdienst hervorgehoben, bezog DIETRICH GERHARD eine Gegenposition. In seinem Baseler Vortrag 1952 bestritt er die behauptete Intensität und Effektivität des modernen Staates.

„Kräfte der neuen Zeit" führten erst im 19. und 20. Jahrhundert zum „moderne[n] Staat", und zwar „das Nationalbewußtsein" und „das mobile Kapital". Aber neben der „Vorgeschichte des Heute" gelte es auch die „Nachgeschichte des Vorgestern" zu beachten; erst daraus ergebe sich das „Gestern". Bis zur „großen Zeitenwende der Industriellen

Revision der Bewertung von NÄF

Kein Moderner Staat vor Französischer und Industrieller Revolution

und Französischen Revolution" hätten „die regionalen Gegenkräfte der zentralistischen und expansiven Tendenz der absolutistischen Monarchie" erfolgreich widerstanden [46: GERHARD, Regionalismus, 334]. Schon im 11. und 12. Jahrhundert hätten sich in Europa Korporationen und Institutionen verfestigt, im 13. schließlich konsolidiert: etwa Ritterschaft, Städte, Zünfte, Universitäten. Bei Akzentuierung ihrer Unterschiede präsentierte sich die ständische Gesellschaft in „lokaler oder regionaler Ordnung". Somit sei das „Ständewesen älter als der Ständestaat". Kein Geringerer als Jean Bodin erkannte Korporationen und Kommunen als unabdingbar für den modernen Staat an, der ohne sie zur Tyrannis werden müsse. „Landschaftsbewußtsein und ständische Ordnung" stellten „konstitutive Elemente des alten Europa" dar und verdienten gebührende Aufmerksamkeit der Historiker [46: GERHARD, Regionalismus, 337].

Staat ohne Stände ist Tyrannis

Stände konstitutiv für Alteuropa

In einem späteren Beitrag forderte er – mit Emile Lousse und Otto Brunner –, „das Ständewesen als konstitutives Element in einer vom Hohen Mittelalter bis zum ausgehenden Ancien Régime gültigen Struktur" anzuerkennen [44: GERHARD, Probleme, 12]. Ständegeschichte bringe notwendig eine „Aufwertung der vor- und nichtabsolutistischen Kräfte und eine Abwertung des Fürstentums" mit sich. Doch gehe es dabei „jenseits aller revisionistischen Tendenzen um ein besseres Verständnis des Ancien Régime [...] in seinen Lebensformen und Denkweisen [...] auch in den retardierenden, traditionellen, die zunehmend antiquiert erscheinen mochten" [Ebd., 30]. Zur parlamentarischen Moderne sah GERHARD keine Verbindung, sondern betonte vor allem den Bruch durch die Französische Revolution. Erst das revolutionäre Parlament habe die Autonomie der alten Landschaften beseitigt und die Zentralisierung im Nationalstaat erreicht. Beschränkung auf die Legislative, Vertretung aller Staatsbürger bei freiem Mandat der Abgeordneten und Öffentlichkeit der Verhandlungen nannte GERHARD als wesentliche Kennzeichen liberaler Parlamente [45: GERHARD, Ständische Vertretungen, 34 f.]. Künftige Forschung in der älteren Ständegeschichte anregend, nannte er fünf Themenbereiche: Zusammensetzung, Verfahren, Kompetenzen, Selbstverständnis und die politische Leistung [44: GERHARD, Probleme, 15].

Aufgaben der Forschung

5.2 Francis Ludwig Carsten

Revision negativer Bewertung

Eine grundlegende Revision der – einseitig am Absolutismus orientierten – negativen Bewertung der Landständischen Verfassung in der deutschen Geschichtswissenschaft nahm FRANCIS LUDWIG CARSTEN

5. Streit um neue Bewertungen nach dem Zweiten Weltkrieg 63

vor, indem er den militärisch aktiven Machtstaat kritisierte und den Ständestaat als die bessere Alternative herausstellte. Noch 1985 bestätigte er sein Urteil von 1959, die Stände verdienten einen ehrenvolleren Platz, als ihnen von den Historikern zugebilligt worden sei [30: CARSTEN, Decline, 126]. Ausdrücklich wandte er sich 1960 gegen FRITZ HARTUNG und GERHARD OESTREICH, die den Ständen eine nur negative Haltung zu den Notwendigkeiten ihrer Zeit, zu einer militärisch aktiven Außenpolitik der Fürsten vorgeworfen hätten. Nach CARSTENs Meinung hatten hingegen die Stände durch ihre Vorsicht viele Abenteuer in der Außenpolitik verhindert; und wenn der Krieg unter den Territorialstaaten nicht ewig dauerte, sei das geradezu ihr Verdienst. Mit Blick auf die liberalen Bewegungen im 19. Jahrhundert wies er darauf hin, dass diese sich dort besonders stark entwickelten, wo eine Landständische Verfassung kontinuierlich bestanden und die Prinzipien der Freiheit wie der Selbstverwaltung aufrecht erhalten habe. So hielten noch 1663 die preußischen Stände – ähnlich wie die bayerischen 150 Jahre zuvor – dem Absolutismus das Naturrecht und den Gesellschaftsvertrag entgegen, „dass sie von Gott zu Ratgebern ihres Fürsten bestimmt seien, dass ein beide Teile bindender Vertrag zwischen dem Fürsten und ihnen" bestehe [29: CARSTEN, Landstände, in: 110: Bd. 2, 330 f.].

Einzelstudien zur Unterstützung seiner Thesen hatte CARSTEN 1959 in seinem Buch *Princes and Parliaments in Germany* vorgelegt. Dabei sprach er absichtlich von Parlamenten („parliaments") und nicht von Ständen („estates"), um die Parallelität zum englischen Parlament hervor zu heben, das im 16. Jahrhundert nicht über so weit reichende Rechte und Institutionen verfügt habe wie die Landtage. Damit wollte er eine Alternative in der deutschen Verfassungsentwicklung aufzeigen. In Fallstudien zu sieben Territorien – Württemberg, Hessen, Sachsen, Cleve-Mark, Jülich-Berg, Kurpfalz und Bayern – zeigte er die durchaus unterschiedliche Entwicklung der Landständischen Verfassung auf und leitete daraus eine neue Gesamtbewertung ab. Zu Württemberg zitierte er einleitend zustimmend James Fox, der 1818 geschrieben hatte, es gebe nur zwei Länder mit Verfassungen in Europa: England und Württemberg. Als besondere Leistung der württembergischen Stände hob CARSTEN ihre Verweigerung von Steuern für ein stehendes Heer nach dem Dreißigjährigen Krieg hervor, denn dadurch sei ein hundertjähriger Krieg in Deutschland verhindert, zugleich die Voraussetzung für eine konstitutionelle Regierungsweise geschaffen worden. [29: CARSTEN, Princes, 5, 73 f.]. Den Sieg des Landtages über die Herzöge im 18. Jahrhundert nahm CARSTEN als endgültigen Beweis, dass die eigene Verwaltung „der Stände den Anforderungen eines mo-

Kritik an HARTUNG *und* OESTREICH

Gesellschaftsvertrag

Princes and Parliaments in Germany

Fallstudien

dernen Staates angepasst werden konnte, dass diese Maschinerie effizient und billig arbeitete, dass die Schaffung einer großen Bürokratie nicht der einzig mögliche Weg des Fortschritts zum modernen Staat war, dass die absolute Monarchie nicht die einzige Form war, in der diese Transformation erreicht werden konnte" [Ebd., 146]. Als Gründe für die Macht des Landtages nannte er seine soziale Homogenität durch Ausscheiden des Adels im 16. Jahrhundert und Verbürgerlichung der Prälaten im Zuge der Reformation, die zu gemeinsamen Tagungen in einem Haus führte. Auf dieser Basis habe sich im 19. Jahrhundert ein starker bürgerlicher Liberalismus entwickeln können.

Hessen bot ein anderes Bild: seit dem Dreißigjährigen Krieg schwache und gespaltene Stände, die gegenüber den absolutistischen Landgrafen nachgiebig waren, allerdings nicht beseitigt wurden. In Sachsen hingegen führten das polnische Engagement der Dynastie und längere Vormundschaftsregierungen zu einem innenpolitischen Gleichgewicht, das den Ständen weit reichende Funktionen beließ. Cleve-Mark und Jülich-Berg waren bis zur Erbteilung 1609 in ständischen Unionen verbunden; die Macht der Landtage ging in der Folgezeit verloren – im brandenburgischen Cleve-Mark durch Errichtung und Zwangsfinanzierung des stehenden Heeres, im pfalz-neuburgischen Jülich-Berg durch kaiserliche Unterstützung für den Landesherrn. In der Kurpfalz verhinderten die politische Stärke der Dynastie und die finanzielle Stabilität des Landes im 16. Jahrhundert die Herausbildung einer Landständischen Verfassung. Fürstliches Interesse an Schuldentilgung führte 1603 zur Einberufung eines Landtages, aber dieser Ansatz zu einem Frühparlamentarismus ging im Dreißigjährigen Krieg schnell verloren. Bayern war lange durch starke Stände und schwache Fürsten gekennzeichnet, doch konsolidierte sich die fürstliche Macht – nicht zuletzt im Bund mit der Gegenreformation – und konnte mit der Stärke der staatlichen Verwaltung die Stände unterwerfen, ohne dass es eines großen stehenden Heeres bedurft hätte.

Insgesamt gelangte CARSTEN von der Ablehnung einer absolutistischen Sicht zu differenzierter Beschreibung und Analyse der Landständischen Verfassung. Fürsten und Stände handelten in Konkurrenz auf den Gebieten der staatlichen Regierung, der öffentlichen Finanzen, der Militärverfassung, der Außen- und Innenpolitik. Freiwillige oder erzwungene Kompromisse führten meistens zur Schwächung der Landtage nach dem Dreißigjährigen Krieg. Allein in Württemberg ließ sich eine ständische Alternative zur absolutistischen modernen Staatsbildung aufspüren, während die völlige Beseitigung der Stände ebenfalls Ausnahme blieb. Es überwog das Fortbestehen der Landständischen

5. Streit um neue Bewertungen nach dem Zweiten Weltkrieg 65

Verfassung bei geminderter Macht, aber auch in dieser Form bewahrte sie „den Geist verfassungsmäßiger Regierung und der Freiheit" [Ebd., 340]. Hier fanden sowohl Anhänger der Französischen Revolution wie der Frühliberalismus Anknüpfungspunkte. Damit trat CARSTEN für die Kontinuität von der altständischen zur modernen Repräsentativverfassung ein und befreite die Ständegeschichte aus ihrer beschränkten Rolle einer Negativfolie für den Absolutismus.

Kontinuität von altständischer zu moderner Repräsentation

5.3 Fritz Hartung

Kritik an seiner Bewertung der Stände, wie sie insbesondere CARSTEN formulieret hatte, ließ FRITZ HARTUNG nicht gelten. Vielmehr bekräftigte er noch 1961 sein negatives Urteil in der ersten Auflage seiner Verfassungsgeschichte von 1914. „Nirgends in Deutschland ist das Ständetum zu einem wahrhaft gleichberechtigten, den Staat mittragenden Faktor geworden, nicht einmal in Württemberg" [52: HARTUNG, Herrschaftsverträge, 74 f.]. In einem handschriftlichen Vermerk in seinem Handexemplar kommentierte GERHARD OESTREICH das als „Mißverständnis des Ständestaates, der nur als monarch[ische] Institution verstanden wird." HARTUNG beharrte darauf: „Die stärkere, vorwärts treibende Gewalt ist in Deutschland das Fürstentum gewesen" und gestand allenfalls zu, dass die Stände „durch ihre bloße Existenz ein Gegengewicht gegen den fürstlichen Absolutismus gebildet und damit den Gedanken der Freiheit lebendig erhalten haben" [Ebd., 77]. Daran habe die liberale Bewegung im 19. Jahrhundert anknüpfen können. Hartung maß mit zweierlei Maß, indem er den Ständen nur negative Zielsetzungen – „möglichste Freiheit vom Staat" – unterstellte, den Monarchen nur positive Leistungen zuwies. Dabei vergaß er seine eigene Kritik an mangelhaften politischen Fähigkeiten vieler Fürsten.

Kontroverse HARTUNG – OESTREICH

5.4 Günter Birtsch

Die Kontroverse resümierend, hob GÜNTER BIRTSCH 1969 die Standortgebundenheit der Historiker hervor, die aus der jeweiligen Gegenwart stamme und nicht mit der Vergangenheit gleichzusetzen sei. Bei aller „Definitionsfeindlichkeit des Ständischen" formulierte er als Rückverweis auf die Quellen: „Die Landstände werden von der Gesamtheit der Landtagsberechtigten gebildet, die das ‚Land' im Sinne der jeweiligen landständischen Verfassung darstellen." Als drei gültige Grundsätze nannte er: 1. Wahrung der wohlerworbenen Rechte, 2. Konsensbindung

Standortbindung der Forschung

des Landesherrn, 3. politische Mitwirkung der Konsensberechtigten [11: BIRTSCH, Forschung, 42, 46]. Individuelle Vielfalt der Landständischen Verfassungen sei anzuerkennen, aber dennoch durch Typenbildung zu gliedern und generalisierend darzustellen.

5.5 Karl Bosl

Gegen negative Bewertung der Landständischen Verfassung

Zu den entschiedenen Vertretern einer Revision der negativen Bewertung der Landständischen Verfassung gehört auch KARL BOSL (1908–1993). In seiner Geschichte der Repräsentation in Bayern bedauerte er einleitend, dass der „Aufstieg und die Entwicklung des Volkes zur Teilhabe an der Bestimmung seines politischen Schicksals noch niemals dargestellt" sei. Daran trage „ein gut Teil Schuld die von Hegel und dem Neuhumanismus den Deutschen anerzogene Staatsvergottung, die sie blind machte für die lebendigen Kräfte in Gesellschaft und Volk". Erst mit der Revolution von 1918 siegten Volkssouveränität und Parlamentarismus in Deutschland. Den bayerischen Landtag bezeichnete er als „Erbe und Vollstrecker einer ruhmreichen bayerischen Volksgeschichte seit dem 13. Jahrhundert, die neben der Geschichte der Landesherren und Monarchen in höchster Ehre bestehen kann" [19: BOSL, Repräsentation, X].

Repräsentation

Repräsentativsystem

Die Behauptung einer Diskontinuität vom ständischen zum modernen Parlamentarismus lehnte BOSL als liberale Ideologie ab, die „irrtümlich keine geschichtlichen Voraussetzungen und Traditionen des Repräsentativsystems" habe anerkennen wollen. Aller Herrschaft sei eine „genossenschaftliche Mitsprache inhärent", Repräsentation werde deshalb „zu einer konstitutiven Funktion von Herrschaft und Gesellschaft" [Ebd., 2 f.] Repräsentation setzte BOSL als konstanten Idealtypus, von dem als Realtypus das Repräsentativsystem zu unterscheiden sei, welches sich in der europäischen Geschichte in vier Stufen entwickelt habe. Die erste war der archaisch-hochfeudale Realtypus, in dem Herrschaft, Gesellschaft und Religion sich eng verbanden, jedoch genossenschaftliche Mitsprache wegen primitiver wirtschaftlicher und kultureller Verhältnisse sich als unabdingbar erwies. Auf der zweiten Stufe stand das ständische Repräsentativsystem, gekennzeichnet durch korporative Zusammenschlüsse der Stände, die sich in ihren Parlamenten gegen Landesherrschaft und Nationalmonarchie wandten. Die dritte Stufe bildete das moderne Repräsentativsystem, das sich nicht grundsätzlich, sondern nur durch technische und organisatorische Neuerungen vom ständischen unterschied. Hier bildete sich der Verfassungs- und Rechtsstaat des 19. Jahrhunderts aus – mit den Menschen-, Bürger-

5. Streit um neue Bewertungen nach dem Zweiten Weltkrieg

und Grundrechten als Rahmen –, der letztlich bis auf die Magna Charta von 1215 zurück reiche. Mit Entstehung der Massen- und Volksparteien seit 1890, in Deutschland mit der Revolution von 1918 wurde die vierte Stufe des liberal-parlamentarischen Repräsentativsystems erreicht, die parteienstaatliche Massendemokratie, in der sich die Volkssouveränität endgültig durchsetzte und die Parteien die Formulierung wie Vertretung des Gemeinwillens beanspruchten.

Massendemokratie

War in dieser Argumentation die Landständische Verfassung in einen kontinuierlichen Aufstieg zur Moderne eingebettet, so begründete BOSL etwas später die Kontinuität in der Repräsentation mit Hinweis auf die landschaftliche Verfassung, die PETER BLICKLE gerade wieder entdeckt hatte. In den Versammlungen oder Landtagen der oberdeutschen Landschaften wirkten häufig Repräsentanten der Bauern mit, die – bestimmt durch Wahl – nicht Korporationen oder Institutionen vertraten, sondern Pfarreien oder Dorfschaften im Sinne von Wahlbezirken. Diese, letztlich individuelle Untertanenrepräsentation bezeichnete BOSL als „Missing link zwischen ständischer und moderner Repräsentation" [21: BOSL, Repräsentierte, 101]. Gewiss seien diese Untertanen nicht mit der gesamten Bevölkerung gleichzusetzen, sondern „Untertan ist, wer haushäblich im Lande sitzt". Damit ergebe sich eine „Hausväterdemokratie", die durchaus als modernes demokratisches Element gelten dürfe, selbst wenn „Frauen, Knechte, Ortsarme, nachgeborene Söhne, Tagelöhner, Arbeiter" ausgeschlossen blieben [Ebd., 109]. Diskontinuität lasse sich also nicht mit Unterschieden in der Repräsentation begründen.

Kontinuität der Repräsentation

Hausväterdemokratie

Ergänzend wies BOSL auf vielfältige Aktivitäten der Landschaften hin. „Der Wille der Beherrschten hat Landtage und Landschaften entstehen lassen" [Ebd., 107]. Diese hätten die Steuer- und Militärverfassung maßgeblich mitgestaltet, mit ihren Landschaftskassen geradezu Staatsbanken mit Landeskredit unterhalten und über ihre Beschwerden wesentlichen Anteil an der Formulierung von Landrecht, Landes- und Policeyordnungen erreicht. Gegen Hartung gewandt, betonte BOSL, Stände seien „keine ausschließlichen Werkzeuge landesfürstlichen Interesses"; man könne „ihnen Gemeininteresse nicht absprechen". Überhaupt sei „die Omnipotenz des absolutistischen Staates [...] oft Schablone, wenn nicht sogar Zerrbild" [Ebd., 116].

Aktivitäten der Landschaften

6. Aktuelle Forschungen: Generalisierungen, Typologien

Typisierung ist nicht erreicht

Typenbildung und generalisierende Betrachtungen – doch nicht aufgrund aktuell politischer Entscheidungen, sondern fachwissenschaftlicher Kriterien – kennzeichnen die neuere Diskussion um die Stände und ihre Verfassungen. Doch gibt es noch immer keine allgemein anerkannte Konzeption der Typisierung und Klassifizierung der alteuropäischen politischen Partizipation. Eher geht die Geschichtswissenschaft seit einigen Jahren einen anderen Weg. Neuere Ständeforschungen heben das Individuelle, eigentlich Unvergleichliche der Erscheinungen hervor und zeigen sich wenig geneigt, allgemeine Überlegungen zu Kontinuität oder Typen zu akzeptieren [82: MORAW, Perspektiven; 486: NEUGEBAUER, Politischer Wandel; 122: STOLLBERG-RILINGER, Vormünder]. Um diesen fast verlorenen Faden wieder aufzunehmen und weiterzuführen, bedarf es einer methodischen Entscheidung zugunsten vergleichender generalisierender Betrachtung von Strukturen und Entwicklungen ebenso wie des Mutes zu modernisierungstheoretischen Rückfragen an die Vergangenheit, etwa wie unsere Gegenwart geworden ist. Von diesen Gesichtspunkten war auch schon OTTO HINTZE ausgegangen.

Neuere Forschung betont Individuelle Merkmale

6.1 Michael Mitterauer

Vielfalt der Ständeversammlungen

Im Rahmen der Typologie Otto HINTZEs verfolgte MICHAEL MITTERAUER 1977 die Entstehung Ständischer Verfassungen im Mittelalter [80: MITTERAUER, Grundlagen, in: 23: 15 f., 28 f.]. Dabei erkannte er die Unterscheidung in Kern- und Randgebiete Europas an, nicht hingegen die Teilung in Zweikammern- und Dreikuriensysteme, weil sich die Vielfalt der Ständeversammlungen nicht darauf reduzieren lasse. Ihre Wurzeln sah er in vier nach ihrer Funktion zu trennenden Versammlungen:

Vier Typen Versammlungen

1. Reichs- und Kirchenversammlungen des frühen Mittelalters
2. Heeresversammlungen, deren Kennzeichen bewaffneter Teilnahme noch auf den Reichstagen in Polen und Ungarn fortbestanden habe
3. Gerichtsversammlungen, deren Funktion in Frankreich auf das *Parlement* von Paris übergegangen sei, während sich sonst Ständeversammlungen zugleich als oberstes Gericht verstanden hätten
4. Versammlungen zur Wahl des Fürsten oder zur Regelung von Nachfolgeproblemen – diese Funktion hätten im Heiligen Römischen

6. Aktuelle Forschungen: Generalisierungen, Typologien 69

Reich die Kurfürsten an sich gezogen, während sie etwa in Polen beim Reichstag verblieb

Aus diesen Wurzeln entwickelten sich, so MITTERAUER, im Wesentlichen zwei Typen von Ständeversammlungen: Reichsstände und Landstände, die sich aber noch weiter untergliedern ließen. Bei den Reichsständen sei zwischen einem älteren und einem jüngeren Untertyp zu unterscheiden. Ersterer entstand aus dem *Magnum Consilium*, aus der Versammlung der Großen des Reiches, durch Erweiterung um andere Gruppen. Die Intensivierung königlicher Herrschaft habe zu einer vertikalen Integration geführt, zur Heranziehung weiterer mächtiger Personen oder Kommunitäten zu Reichsversammlungen. Als Beispiel könne die Teilnahme der Ritter aus den Grafschaften am englischen Parlament im 13. Jahrhundert gelten. Im Heiligen Römischen Reich sei hingegen diese Erweiterung ausgeblieben, weil die weltlichen und geistlichen Fürstentümer eine Intensivierung der Königsherrschaft verhinderten.

Als jüngeren Untertyp bezeichnete MITTERAUER Generalstände, die durch dynastische Reichsbildung im Wege horizontaler Integration aus einzelnen Landesversammlungen zusammengeschlossen worden seien. Dabei konnten sowohl Plenar- wie Ausschussversammlungen entstehen, allerdings kein Zweikammernsystem, weil das *Magnum Consilium* als Kern eines Oberhauses fehlte. Prominentes Beispiel seien die Etats Généraux in Frankreich, aber auch in den wettinischen Herzogtümern, in Burgund und in Böhmen habe es solche vereinten Landesversammlungen gegeben. In gewisser Parallelität sei die Schweizer Eidgenossenschaft durch genossenschaftliche Integration ohne fürstlichen Einfluss entstanden.

Den zweiten Haupttyp bildeten die Landstände in weltlichen Fürstentümern eines Reiches oder Provinzen eines Großreiches. Ihnen gehörte in erster Linie der Adel an, der in alten Herzogtümern oder Marken sich nach Herren und Rittern getrennt habe. Als Herren traten Grafen, Edelfreie und die hohe Ministerialität mit eigenen Herrschaften und Mannschaften auf. Die Geistlichkeit als weiterer Stand setzte sich aus Prälaten und - soweit landsässig - Bischöfen zusammen. Den dritten Stand bildeten Kommunitäten, ländliche wie städtische Gerichtsgemeinden. Städte wurden bereits seit dem 12. und 13. Jahrhundert herangezogen, so in Flandern, auf der iberischen Halbinsel und in Frankreich.

Als Sonderform betrachtete MITTERAUER die Landstände in geistlichen Fürstentümern, die später entstanden als die weltlichen. Hier spielten die Domkapitel eine zentrale Rolle, häufig hätten sie die Geist-

(Randnotizen: Zwei Typen Ständeversammlungen; Reichsstände; Landstände; Sonderform der Landstände)

lichkeit mit vertreten. Einen vom Adel getrennten Herrenstand gab es nur in Köln, weil der Erzbischof zugleich die Herzogswürde innehatte. Neben städtischen waren bisweilen auch ländliche Gerichtsgemeinden vertreten, so in Basel, Chur, Mainz und Salzburg.

Städtebünde Landfriedenseinungen

In den Zusammenhang der Landstände stellte MITTERAUER schließlich auch Städtebünde und Landfriedenseinungen. Diese hätten sich parallel zu den Städtekurien der Landstände entwickelt. In gewissem Sinne können sie als ein weiterer Untertyp der Landstände gelten. Mit dem Hinweis auf Ähnlichkeiten der Repräsentation in den Landständen und in den Land- sowie Stadtgemeinden lenkte MITTERAUER den Blick auf die kommunale Selbstverwaltung, ohne sie näher in seine Typologie einzubeziehen.

Ständetypisierung ergänzt durch historische Teildisziplinen

Die Bildung und Erklärung von Ständetypen, so die resümierende Bemerkung, bewege sich im relativ engen Rahmen der Verfassungsgeschichte. Weiterführende Gesichtspunkte für die Ausprägung Ständischer Verfassungen ließen sich aus dem Blickwinkel anderer historischer Teildisziplinen gewinnen: Die Ideengeschichte könne Aufschluss geben über die Bedeutung des Konziliarismus, die Rechtsgeschichte über die Rolle des Römischen Rechts - insbesondere bei der Bestimmung der Repräsentation. Die Militärgeschichte solle die Auswirkungen des Wandels vom Lehnsheer zum Söldnerheer beleuchten, die Wirtschaftsgeschichte die Konsequenzen der zunehmenden Geldwirtschaft mit erweitertem Handel und wachsendem Städtewesen. Damit war die zusammenfassende Abstraktion in Typen ergänzt durch die Integration wesentlicher Faktoren der Entwicklung im Einzelfall.

6.2 Peter Blickle (1)

Landschaften

Auf eine lange nicht beachtete Ebene ständischer Mitbestimmung machte PETER BLICKLE 1973 mit einer grundlegenden Untersuchung aufmerksam: die Landschaften. Die von der Forschung allgemein bevorzugte Behandlung der großen Reichs- und Landtage ergänzte er durch die Analyse der Landschaftsversammlungen, die auf einer niedrigeren Ebene, in den zahlreichen Kleinterritorien Oberdeutschlands, weit reichende ständische Aktivitäten entfalteten. BLICKLE sprach hier von der Landschaftlichen Verfassung in Abgrenzung zur Landständischen Verfassung, sah aber keine prinzipiellen, sondern nur graduelle Unterschiede, insbesondere in der zeitlich späteren Entstehung der Landschaftsversammlungen und ihrer durch die Beteiligung der Bauern andersartigen Zusammensetzung [13: BLICKLE, Landschaften, 566, 435].

6. Aktuelle Forschungen: Generalisierungen, Typologien 71

Landschaft definierte BLICKLE als „die genossenschaftlich organisierte, korporativ auftretende Untertanenschaft einer Herrschaft"; ihre Entstehung und Festigung sah er als „Reaktion und Reflex der Beherrschten [...] auf die Herrschaftsintensivierung und -territorialisierung; landesherrliche Steuerforderungen und Krisen der Herrschaft" konnten hinzukommen. Dabei ergaben „Wehrwesen, Steuerwesen, Landesordnungen [...] drei Quellen landschaftlicher Aufgaben, die, vielfach miteinander verbunden, eine Fülle von Möglichkeiten erbrachten, politisch wirksam zu werden" [EBD., 23, 413, 425, 435, 394]. Die Parallelität zu den Funktionen der Landtage und Reichstage auf höherer Ebene Ständischer Verfassung ist damit klar gekennzeichnet. Politische Rechte im Rahmen der landschaftlichen Verfassung nahmen Repräsentanten der Untertanenschaft wahr, welche nicht mit der gesamten Bevölkerung gleichgesetzt werden darf. Untertanen – so BLICKLE – waren „die haushäblich im Land sitzenden Familienväter" – nicht Frauen, nachgeborene Söhne, Knechte, Mägde oder Arme. Diese „Hausväterdemokratie" brachte er abschließend in die Gleichung „Herrschaft + Landschaft = Staat" ein und wollte „von einer demokratischen und einer monarchischen Komponente des landschaftlich verfaßten Staates sprechen", dessen Erforschung neue Erkenntnisse für die Geschichte des europäischen Parlamentarismus verspreche [Ebd., 448, 565, 568 f.].

Ganz ohne Zweifel stellt BLICKLEs Untersuchung der oberdeutschen Landschaften eine Erweiterung und Bereicherung der Geschichte der Ständischen Verfassung dar. Für eine Typologie politischer Partizipation war damit eine neue Dimension gewonnen. An die bäuerlichen Landschaften in Norddeutschland ist hier zu erinnern [535: KRÜGER, Landschaftliche Verfassung]. Die positive Bewertung der Landschaften durch BLICKLE löste eine Kontroverse aus. Während KARL BOSL ausdrücklich zustimmte [21: BOSL, Repräsentierte, in 23:101], erhob VOLKER PRESS Widerspruch. Er betonte die „Flüchtigkeit" kleinerer Ständeversammlungen und bestritt das von BLICKLE behauptete hohe Maß an Kontinuität. Staatliche Funktionen der Landschaften wollte er nicht allzu hoch veranschlagen, ihre „entscheidende Funktion [...] war die Gewährleistung der Herrschaft". Abschließend verlangte er eine Korrektur der „Formel Herrschaft + Landschaft = Territorium" und warnte davor, die Landschaften „vornehmlich unter dem Parlamentsmodell zu sehen" [102: PRESS, Herrschaft, 196, 200, 207 f., 214]. Damit waren erneut Zweifel an der Kontinuität von der altständischen Verfassung zum modernen Parlamentarismus angemeldet.

Marginalien: Definition; Herrschaft + Landschaft = Staat; Neue Dimension für Typologie; Kontroverse BOSL – PRESS

6.3 Gerhard Oestreich

Bewertung der Stände beim modernen Staatsbildungsprozess

Noch nicht zur Typologie, aber zur Bewertung der Stände nahm GERHARD OESTREICH (1910–1978) 1967 Stellung und zwar aus dem Blickwinkel des modernen Staates. Er wollte im Streit um die Landstände verbindliche Maßstäbe gewinnen [91: OESTREICH, Ständetum]. Dabei ging er von der im Spätmittelalter einsetzenden Bildung des modernen Staates aus und fragte nach den Leistungen der Landstände für diesen Prozess, den er in drei Stufen gliederte: die Vorform des modernen Staates im 14. und 15. Jahrhundert, den Finanzstaat des 16. und 17. Jahrhunderts, schließlich den Militär-, Wirtschafts- und Verwaltungsstaat des 17. und 18. Jahrhunderts. Ständische Leistungen zur Staatsbildung erkannte OESTREICH für die ersten beiden Entwicklungsstufen an, für die letzten dagegen nicht und begründete damit den Niedergang landständischer Macht gegenüber dem erstarkenden Fürstenabsolutismus.

Leicht erkennbar, nahm OESTREICH damit eine Typisierung der Stadien moderner Staatsbildung und nicht der Ständischen Verfassung vor. Das wurde zum Teil heftig kritisiert, weil dieser Maßstab dem eigenen Verständnis und Gewicht der Stände Gewalt antue [438: KAPPELHOFF, Absolutistisches Regiment, 4–6]. Das ist für den so genannten Niedergang im Absolutismus gewiss berechtigt, aber insbesondere für die Epoche des Finanzstaates eröffnete OESTREICH neue Perspektiven, indem die gleichberechtigte Teilnahme von Herrschaft und Genossenschaft an der Gestaltung des modernen Staatslebens anerkannt wurde.

Überwindung etatistischer Sicht im Finanzstaat

Damit war die etatistische Sicht der älteren Verfassungsgeschichte für die Zeit vor dem Absolutismus überwunden.

In die kontroverse Diskussion zwischen PETER BLICKLE und VOLKER PRESS über die Bedeutung der Landschaften [102: PRESS, Herrschaft, 196, 200, 207f., 214], insbesondere um die Formel BLICKLES „Landschaft + Herrschaft = Staat", griff GERHARD OESTREICH 1978 ein und lenkte sie in Richtung auf eine Ergänzung der Typologie Ständischer Verfassung. Im Allgemeinen schloss er sich VOLKER PRESS an und kritisierte insbesondere die Unterbewertung des herrschaftlichen Elements durch BLICKLE. Doch gestand er gleichzeitig zu, dass in den „kleinen Territorien [...] das genossenschaftliche Moment stärker erhalten" geblieben sei als in den großen. Ausdrücklich erkannte OESTREICH die große Bedeutung der Landschaften für die weitere Ständeforschung an; insbesondere müsse man nun die Größe der territorialen Einheiten systematisch in die Konzeption Ständischer Verfassung einbeziehen. Schon die noch gängige Vorstellung des Dualismus zwischen Fürsten und Ständen – eine ahistorische Projektion der Verhältnisse des

Warnung vor Unterbewertung der Herrschaft

6. Aktuelle Forschungen: Generalisierungen, Typologien

19. Jahrhunderts in Mittelalter und Frühe Neuzeit – erweise sich in den Landschaften als abwegig: Die politischen Verhältnisse „in kleinen Gemeinschaften" seien „nicht von vornherein so auf Konflikte angelegt, auf ihr Austragen mit allen Mitteln gerichtet" wie in größeren; vielmehr habe es „eine unmittelbare Verständigung; ein leichteres Miteinander von Herrschaft und Land„ gegeben [93: OESTREICH, Vorgeschichte, in: 92: 262–264].

Miteinander von Herrschaft und Land

Schon aus ungleicher räumlicher Größe ergäben sich wesentliche Unterschiede in der Ausformung der Ständischen Verfassung. Um diese auch begrifflich zu fassen, unterteilte OESTREICH die Ständische Verfassung in drei Ebenen mit eigenen Systemen der Repräsentation. Die oberste Ebene bildeten Großterritorien mit Reichs- oder Generalständen wie England, Frankreich und die Niederlande; daneben zusammengesetzte Staaten mit großen Provinziallandtagen wie Spanien, Preußen und Österreich. Allein hier solle man von „Ständischer Verfassung" sprechen. Dagegen solle der Begriff „Landständische Verfassung" für die mittlere Ebene der Territorialstaaten mit Landtagen gelten, etwa für Tirol, Ostpreußen, Pommern und Mecklenburg; doch auch die Provinzialstände in Frankreich seien dieser Gruppe zuzurechnen. Zur unteren Ebene schließlich zählte OESTREICH die Kleinterritorien, in denen sich die „Landschaftliche Verfassung" in enger „Verbindung von Herrschafts- und genossenschaftlicher Organisation" ausbildete.

Ergänzung der Typologie

Mit dieser Unterteilung in Ebenen war es OESTREICH gelungen, die Landschaftliche Verfassung in die Ständeforschung zu integrieren, deren Horizont sich damit ausweitet, ohne zu einer Verwirrung zu führen. Denn die begriffliche Unterscheidung ermöglicht eine Ordnung der Formenvielfalt Ständischer Verfassung. HINTZE hatte seine Typologie anhand der weltlichen Monarchien der oberen und mittleren Ebenen entwickelt und nur dort kann sie Gültigkeit beanspruchen. Diese Einschränkungen gestand auch OESTREICH durch seine Feststellung ein, es sei „falsch" gewesen, in der Ständischen Verfassung „das konservative Drei-Stände-Schema des deutschen Vormärz – Adel, Klerus, Bürgertum – zum Grundschema [...] zu machen„ [93: OESTREICH, Vorgeschichte, in: 92: 268 f., 271]. Den Erkenntniswert von Typologien freilich mindert diese Eingrenzung nicht, vielmehr dient sie ihrer Präzisierung.

Integration der Landschaftlichen Verfassung

6.4 Willem Pieter Blockmans, Karol Górski

Unter Berufung auf OTTO HINTZE, NORBERT ELIAS und HELMUT G. KOENIGSBERGER unternahm 1978 WILLEM PIETER BLOCKMANS den Versuch, zu einer neuen Typologie der europäischen Ständeversammlungen zu

Neue Typologie

gelangen [17: BLOCKMANS, Typology]. Um ihre Vielfalt im Blickfeld zu behalten, fasste er den Begriff ständischer Repräsentation bewusst weit und sah sie überall dort entstehen, wo die Untertanen aus eigener Kraft ihre Regierungen zwingen konnten, durch institutionalisierte Beratungen die Macht mit ihnen zu teilen. Sie schlossen sich lokal wie interlokal, regional wie überregional, national wie international zusammen. Damit bezog BLOCKMANS Repräsentationsformen auf allen Ebenen – der kommunalen in Dorf und Stadt, der staatlichen in Ländern und der überstaatlichen – in die Ständische Verfassung ein. Das Vorherrschen bestimmter Organisationsformen – Kammer oder Kurien – lehnte er ab; insbesondere die Einteilung in drei Stände sei lediglich Inhalt der mittelalterlichen kirchlichen Soziallehre, die mit der Wirklichkeit nicht übereingestimmt habe. Folglich habe sich der Aufbau von Ständeversammlungen nach den jeweiligen gesellschaftlichen Machtverhältnissen gerichtet.

Politische Mitbestimmungsrechte wurden auf vielen Gebieten geltend gemacht, nicht bloß bei den Finanzen, sondern ebenso in Außenpolitik und Verteidigung, Innenpolitik und Justiz, bei wirtschaftlichen und sozialen Problemen. Aus einer Auszählung der Tagesordnungspunkte der Ständeversammlungen in Flandern und Brabant zog BLOCKMANS den Schluss, dass Entstehung und Entwicklung der Ständischen Verfassung keineswegs mit den Finanzbedürfnissen der Fürsten zu erklären sei. Vielmehr hätten die Stände in erster Linie ihre eigenen Interessen verteidigt, was die Aufrechterhaltung ihrer Freiheiten und den Kampf für weitere Emanzipation durchaus einschließen konnte. Beim Entwurf seiner Typologie ging BLOCKMANS von vier wesentlichen Variablen aus:

Vier Variablen
1. Führungsschicht(en) einer Gesellschaft
2. Struktur und Aktivität der Repräsentativversammlungen
3. Funktion der Repräsentativversammlungen
4. Mobilität ihrer Mitglieder

Agrarische – urbanisierte Gesellschaft Als Extremfälle setzte er einerseits eine agrarische, andererseits eine urbanisierte Gesellschaft an. Kennzeichen der ersteren sei das Übergewicht von Adel und Geistlichkeit sowie eine Tendenz zu geringer ständischer Aktivität bei Beschränkung auf politische und fiskalische Angelegenheiten. Die Ständeversammlungen zählten viele Mitglieder, die lebenslang und wenig mobil kraft ihrer administrativen Stellung oder Standeszugehörigkeit amtierten. Hingegen hätten urbanisierte Gebiete durch Dominanz der Städte eine hohe repräsentative Aktivität mit Erweiterung der Mitbestimmung auch auf Wirtschaftsfragen erreicht; die verhältnismäßig kleinen Ständeversammlungen blieben

6. Aktuelle Forschungen: Generalisierungen, Typologien 75

arbeitsfähig und flexibel; ihre Mitglieder zeichneten sich durch Fachkompetenz bei hoher Mobilität aus.

Im Rahmen dieser Extreme siedelte BLOCKMANS fünf Typen Ständischer Verfassung an:
1. Reine Agrargesellschaften
2. Agrargesellschaften mit beginnendem Städtewesen
3. Urbanisierte Gebiete unter fürstlicher Zentralregierung
4. Städtelandschaften ohne übergeordnete Regierung
5. Länder autonomer Stadtstaaten

<small>Fünf Typen Ständischer Verfassung</small>

Zum ersteren Typ der Agrargesellschaften gehörten die ländlichen Gebiete in Osteuropa, Deutschland, Frankreich und Spanien. Hier war die Sozialstruktur stabil; den Ton gaben grundbesitzende Adelige und Geistliche an. Der Monarch ergriff die Initiative zu Ständeversammlungen, die selten tagten und hauptsächlich seine Herrschaft durch Steuerbewilligungen zu stützen hatten. Ihr politischer Einfluss blieb gering.

<small>1. Agrargesellschaften</small>

Im Anschluss an KAROL GÓRSKI [49: GÓRSKI, Anfänge; 50: GÓRSKI, Institutions] unterschied BLOCKMANS hier zwei Untertypen: Gebiete mit a) kleiner und reicher Aristokratie, b) zahlreichem, doch wirtschaftlich schwachem Adel. Zum erstgenannten rechnete er die nordöstlichen Territorien des deutschen Reiches, Böhmen, Livland und Dänemark – Schweden blieb unberücksichtigt. In diesen Gebieten nahmen die Stände ihre Rechte im Dreikuriensystem wahr. Zum zweiten Untertyp gehörten Ungarn, Polen, Preußen und Litauen. Die unterschiedlichen Formen ständischer Mitbestimmung ergaben sich dort aus den Machtkämpfen zwischen den gesellschaftlichen Gruppen.

Den zweiten Typ der agrarisch-städtischen Gebiete bildeten in Osteuropa das Königliche Preußen mit den Städten an der Weichsel, in West- und Südeuropa England, das Artois, der Hennegau, die Normandie, Burgund, die Languedoc, Piemont und die iberische Küste. Ständische Aktivitäten waren hier spürbar weiter entwickelt: Repräsentativversammlungen tagten häufig – bis zu fünf Mal jährlich – und behandelten ein breites Spektrum politischer Probleme. Mit ständigen Ausschüssen und eigenen Beamten suchten sie dauernd Einfluss auf die Regierungspolitik zu gewinnen.

<small>2. Agrarisch-städtische Gebiete</small>

Am weitesten differenzierte sich die Ständische Verfassung im dritten Typ in den urbanisierten Ländern unter fürstlicher Oberhoheit, so in Flandern, Brabant und Holland, zeitweise auch in Böhmen und Friaul. Städte beherrschten die Repräsentativorgane, die sich in sehr unterschiedlichen Formen ausbildeten, hohe Aktivität zeigten und sich zunehmend mit wirtschaftlichen Fragen befassten. Die Fürsten verloren Einfluss, sie erlagen städtischer Finanzkraft und Effektivität in

<small>3. Urbanisierte Gebiete</small>

der Innen- und sogar in der Außenpolitik. Die Aktivitäten der Stände wurden zudem durch kurze Entfernungen in den verhältnismäßig kleinen Ländern erleichtert, die Mobilität und schnelle Kommunikation zuließen.

4. Städtebünde ohne Fürsten

Dort, wo die Städte fürstlicher Hoheit entwachsen waren, setzte BLOCKMANS den vierten Typ an. Dabei hatte er insbesondere die Freien und die Reichsstädte im Blick, die sich zu genossenschaftlichen, vom Reich wie von den Territorien unabhängigen Städtebünden zusammenschlossen. Sie waren im Küstenbereich der Ost- und Nordsee zu finden, auch an den großen Flüssen Elbe und Rhein. Wichtigstes Beispiel bildete die Hanse. Ganz ähnlich wie in den urbanisierten Gebieten, verfolgten auch diese Städte eigene, vornehmlich wirtschaftliche Ziele. Obgleich ihre ständischen Aktivitäten wegen der großen Entfernungen nicht sehr intensiv sein konnten, erlangten die Städtebünde erhebliches politisches Gewicht.

5. Gebiete von Stadtstaaten ohne Kooperation

Als fünften Typ bezeichnete BLOCKMANS voll ausgebildete Stadtstaaten, die umliegende Territorialgewalten beseitigt und inkorporiert hatten. Das war in Oberitalien der Fall. Hier aber herrschten so heftige Konkurrenzkämpfe der Stadtstaaten untereinander, dass eine Kooperation wie in den Städtebünden nicht zustande kam.

Typologie der Wirtschafts- und Sozialstrukturen

BLOCKMANS ging es vorrangig um eine Typologie der Stände – genauer: der der Ständischen Verfassung zugrunde liegenden Wirtschafts- und Sozialstrukturen und nicht – wie OTTO HINTZE – um eine Typologie der Formen und Entwicklungstendenzen Ständischer Verfassung. Ein Vergleich der Typologien ist deshalb kaum möglich. Doch ist die Erweiterung des Blickfeldes auf die Formenvielfalt für die vergleichende Ständeforschung wertvoll und anregend, weil sie damit die verschiedenen Ebenen ständischer Aktivitäten – lokale, regionale, überregionale – in den Städtebünden – einbeziehen kann.

6.5 Helmut G. Koenigsberger

Konkurrenz Herrschaft – Genossenschaft

Die Konkurrenz zwischen dem herrschaftlichen und dem genossenschaftlichen Prinzip, dem *Dominium regale* und dem *Dominium politicum et regale*, machte HELMUT G. KOENIGSBERGER zum Gegenstand seiner vergleichenden Betrachtung der frühneuzeitlichen Ständischen Verfassung Europas. Dabei fragte er insbesondere nach den Bedingungen und Faktoren der teilweise sehr dramatischen Entwicklung sowie der Möglichkeit, diese in Modellen oder Typologien zu fassen. Das Verhältnis zwischen Monarchen und Ständeparlamenten sah KOENIGSBERGER hauptsächlich durch Kampf um die Machtverteilung gekenn-

6. Aktuelle Forschungen: Generalisierungen, Typologien

zeichnet, viel weniger durch Konsens, als die offiziellen Verhandlungsdokumente mit ihrer ständigen Betonung der Einheit des politischen Körpers glauben machten [63: KOENIGSBERGER, Dominium, in: 23: 47].

Im Hinblick auf diesen Machtkampf ging KOENIGSBERGER näher auf Otto HINTZEs Typologie und NORBERT ELIAS' Theorie vom Prozess der Zivilisation ein [36: ELIAS, Prozeß]. Der ersteren mit ihren Idealtypen des Zweikammern- und Dreikuriensystems gestand er großen Erkenntniswert zu, fand sie aber nicht geeignet zur Erfassung der dynamischen Entwicklung, weil sie als deren Faktoren nur die Rezeption des römischen Rechts und den Wettstreit der europäischen Staaten gelten lasse – und das sei zu eng. Dagegen habe ELIAS, trotz einiger Einschränkungen, in seine Theorie „die dynamischen Kräfte der europäischen Geschichte" angemessener einbringen können, und zwar durch Formulierung von drei grundlegenden *Mechanismen*: 1. Monopolmechanismus, 2. Königsmechanismus, 3. Entpersönlichung der Herrschaft [63: KOENIGSBERGER Dominium, 51].

KOENIGSBERGER wollte beide Aspekte – politische Machtkämpfe und Ständische Verfassung – zusammenführen und die dynamischen Kräfte in eine Theorie der europäischen Verfassungsentwicklung integrieren. Dazu habe ELIAS fruchtbar beigetragen. Die im Spannungsfeld zwischen herrschaftlichem und genossenschaftlichem Prinzip während der frühen Neuzeit eingetretene Differenzierung der Machtverteilung in den einzelnen Ländern legte KOENIGSBERGER in einer Bestandsaufnahme dar. Während noch im Spätmittelalter das *Dominium politicum et regale,* Partnerschaft zwischen Monarchen und Ständeversammlung, in Europa die Regel und nicht die Ausnahme gewesen sei, hätten sich danach im Wesentlichen drei Ländergruppen mit unterschiedlicher Verfassung herausgebildet. In der ersten gewannen die Parlamente das Übergewicht und beseitigten sogar teilweise die Monarchie; das waren England, Schottland, die nördlichen Niederlande und Polen.

In der zweiten Gruppe hatten die Parlamente geringeren Erfolg, bewahrten sich aber noch erheblichen politischen Einfluss – so in Ungarn und einigen deutschen Territorien wie Württemberg, Ostfriesland, Mecklenburg. Hierzu gehörten auch die Stände in Böhmen mit – nach 1620 – geringen Befugnissen, ebenso die französischen Provinzialstände in der Languedoc, der Bretagne und in Burgund, schließlich noch Stände, die nur in ständigen Ausschüssen fortbestanden wie in Bayern oder Katalonien.

In der dritten Ländergruppe siegten die Fürsten, beseitigten die Parlamente ganz, beriefen sie nicht mehr ein oder beschränkten ihre

Drei Ländergruppen

1. Übergewicht der Parlamente

2. Balance mit Einfluss der Parlamente

3. Sieg der Fürsten mit Beseitigung der Parlamente

Rechte bis auf unbedeutende Reste. Das geschah in Spanien und Portugal, Neapel, Piemont, Sardinien, Frankreich, den südlichen Niederlanden, Dänemark und einigen deutschen Territorien. Außerhalb dieser Gruppen stand das Heilige Römische Reich als nicht einzuordnende Ausnahme. Der deutsche Reichstag wandelte sich zu einer Repräsentation unabhängiger Staaten und entwuchs damit der Ständischen Verfassung im Sinne einer Vertretung von Ständen oder Korporationen.

Weitere Faktoren zur Ständetheorie

Die Faktoren dieses Differenzierungsprozesses fand KOENIGSBERGER in bisherigen Ständetheorien zu wenig berücksichtigt. Namentlich gegen HINTZES Typologie wandte er ein, dass sie die europäische Entwicklung nur oberflächlich behandele und die Niederlande gar nicht einbeziehe. Hier gab es nicht nur eine Vielfalt von Formen Ständischer Verfassung – Ein- und Zweikammer- sowie Mehrkuriensysteme –, sondern die Generalstände gingen nach der Landesteilung in der Frühen Neuzeit entgegengesetzte Wege: der Süden in den Absolutismus, der Norden in die Republik. Für die Analyse der Ursachen betrachtete KOENIGSBERGER die *Mechanismen* von ELIAS als hilfreich, fügte selber aber noch zwei weitere Faktoren hinzu: auswärtige Intervention und Konfessionskonflikte im 16. wie 17. Jahrhundert.

Die Verfassungskämpfe des 16. bis 18. Jahrhunderts zwischen Monarchen und Ständen seien entscheidend mitbestimmt worden durch auswärtige Mächte wie in Böhmen und Österreich, Ostfriesland, Württemberg und Mecklenburg ebenso wie in Katalonien, Frankreich, den Niederlanden und selbst England. Wenn sich der Verfassungs- mit einem Konfessionskonflikt verband, ergab sich geradezu ein Zwang für die streitenden Parteien, Verbindungen mit dem Ausland zu suchen. Auch spielten die familiären Verhältnisse der Dynastie eine wichtige Rolle. Den Ausgang der Kämpfe vorherzusagen, sei ebensowenig möglich, wie die dynamischen Faktoren der Entwicklung in ein theoretisches Konzept zu fassen.

Seine Überlegungen resümierte KOENIGSBERGER in acht Punkten [63: KOENIGSBERGER, Dominium, 66–68] und wies damit einen Mittelweg zwischen systematischer und deskriptiver Betrachtungsweise.

6.6 Volker Press

Für längere Zeit abschließend erörterte VOLKER PRESS [1939–1993] 1980 die *Formen des Ständewesens in den deutschen Territorialstaaten* [100: PRESS, Formen; 101: PRESS, 50 Thesen]. Obgleich er als Ergebnis fest hielt, die Stände hätten „doch ihren aktiven Anteil am

6. Aktuelle Forschungen: Generalisierungen, Typologien 79

epochalen Prozeß territorialer Verfestigung und staatlicher Modernisierung gehabt", lagen ihm Fragen der Typologie fern. Viel stärker als KOENIGSBERGER setzte er auf beschreibende Zusammenfassungen, mit welchen er die „Gedanken Oestreichs" weiterführen wollte. Angesichts der „Gefahr einseitiger Parallelisierungen" zwischen altständischer Verfassung und modernem Parlamentarismus forderte er als „Korrektiv":

Keine Parallelen Altständische Verfassung – Moderner Parlamentarismus

1. Eine verstärkte Einbeziehung der spätmittelalterlichen Entwicklung
2. Die Ermittlung des Stellenwertes der Landstände im Gesamtgefüge des Territoriums
3. Die vergleichende Betrachtung deutscher Landstände untereinander, mit anderen europäischen Ständen und nicht zuletzt mit dem Reichstag

Die Entwicklung der Ständischen Verfassung gliederte PRESS in vier Epochen, von denen die ersten drei den Stufen OESTREICHS ähneln:

Vier Epochen der Verfassungsentwicklung

1. Anfänge der Stände im Mittelalter zum Zweck der Gewährleistung von Herrschaft
2. Aufstieg im 16. Jahrhundert im Zuge staatlicher Finanzkrisen und konfessioneller Konflikte bei günstiger wirtschaftlicher Konjunktur
3. Niedergang durch die politische wie wirtschaftliche Krise des Dreißigjährigen Krieges und auch reichsrechtlich erzwungene ständige Steuerzahlungen
4. Stabilisierung im 18. Jahrhundert durch Reichsrecht und Kaiser

Die Entstehung von Ständeversammlungen sah PRESS in Krisen der Herrschaft bei Versagen des Hofes, insbesondere „bei Krieg, Gefangenschaft des Landesherrn, Verheiratung der Töchter, [...] bei Landesteilungen, Vormundschaften". Ziel sei die „Gewährleistung von Herrschaft" gewesen [100: PRESS Formen, 281 f., 302]. Neue Herausforderungen hätten im 16. Jahrhundert den Aufstieg mit sich gebracht, zum einen die Reformation, zum anderen die finanziellen Notlagen der Fürsten, die durch Schuldenübernahmen und Steuerbewilligungen der Stände zu regulieren waren. Der Dreißigjährige Krieg bedeutete eine Zäsur, indem der wirtschaftliche Zusammenbruch und der fortgesetzte Steuerdruck die Stände geschwächt und in den Absolutismus geführt habe. Kaiser und Reich hätten im ausgehenden 17. Jahrhundert begonnen, die Stände mit Hilfe des Reichsrechts zu schützen. Trotz Stabilisierung der Ständischen Verfassung im 18. Jahrhundert sei „der Weg zu den modernen Parlamenten viel verschlungener [...], als man oft annimmt."

Epochen einzeln

6.7 Peter Blickle (2)

Frage der Kontinuität nach LÖWENTHAL

Auf diese angeblich verschlungenen Wege ging PETER BLICKLE in einem späteren Beitrag noch einmal ein und erörterte erneut die Frage der Kontinuität [15: BLICKLE, Perspektiven, in: 18: 34–38]. Indem er die fast vergessene Bilanz des Politikwissenschaftlers RICHARD LÖWENTHAL [74: LÖWENTHAL, Kontinuität, in: 23: 341–356] referierte, forderte er zu eigenem Urteil auf.

Kontinuität
Für Kontinuität sprächen:
1. der durchgängig verlangte „Konsens der Regierten zu Regierungsform und Regierungsentscheidungen"
2. die „offene Vertretung von Teilinteressen und ihr Kompromiß in der Bestimmung [...] des Gemeinwohl[s]"

Diskontinuität
Revolutionäre Neuerungen und damit Kennzeichen der Diskontinuität sah er:
1. in der „Abstimmung nach Köpfen in einer einheitlichen Versammlung"
2. in der „Abschaffung der zivilrechtlichen Standesunterschiede" mit „Tendenz zum gleichen Wahlrecht„
3. in der „Verantwortlichkeit der Regierung" gegenüber der „Volksvertretung"
4. in der „individuellen Wahlfreiheit" mit Ausbildung von Parteien bei freiem Mandat der Abgeordneten
5. im jeweils „parteispezifischen Konzept vom Gemeinwohl", über welches in Wahlen mit Mehrheit entschieden werde

Zugunsten der Kontinuität sind an dieser Stelle zwei Punkte nachzutragen, zum einen die institutionelle Form politischer Mitbestimmung und zum anderen das politische Bewusstsein. Parlamente – Reichstage, Landtage, Versammlungen – bildeten eigene Verfahrensweisen und Rechte der politischen Willensbildung aus, die kaum verändert bis in die Gegenwart gelten. Als Beispiele für ersteres seien genannt: Ladung zur Sitzung, Geschäftsordnung, Tagesordnung, Abstimmung, Ausschusswesen [97: OESTREICH, Parlamentarische Arbeitsweise, in: 92: 201–228], Immunität der Abgeordneten. Im politischen Bewusstsein waren Repräsentativversammlungen der Regierten als Mittel gesellschaftlicher Krisenbewältigung und Konsensfindung fest verankert und wurden bei zahlreichen Anlässen – insbesondere beim Versagen der Obrigkeit – verlangt und durchgesetzt. Spektakulärstes Beispiel hierfür sind bekanntlich die *Etats généraux* von 1789, die nach dem Muster von 1614 einberufen wurden. Die von VOLKER PRESS wiederholt als Argument der Diskontinuität betonte „Flüchtigkeit"

[102: PRESS, Herrschaft, 196] von Ständeversammlungen spricht nicht dagegen, denn sie betrifft die Ebene der Institutionen, nicht die der Mentalität. Der gerade bei institutioneller Flüchtigkeit wiederkehrende Rekurs auf politische Partizipation zeigt Beständigkeit in der Hoffnung, von den Regierten legitimierte Repräsentanten könnten den besten Weg in die Zukunft weisen.

Die Entscheidung zwischen Kontinuität und Diskontinuität ist letztlich eine methodische Ermessensfrage, da es gewichtige Argumente für und wider gibt. Doch wird, wer historischen Wandel anerkennt, kein einseitiges Urteil fällen und sich Fragen der Typologie nicht verschließen.

6.8 Bilanz und Erweiterung

Die verschiedenen Ansätze zur Bildung von Typen Ständischer Verfassung lassen sich für die Ebene ihrer Ausprägungen in einer schematischen Darstellung vereinen (Abbildung 1). Hingegen wird man die von HINTZE behaupteten typischen Entwicklungen von bestimmten Formen älterer Parlamente zu modernen Verfassungen nicht aufrecht erhalten. Den Ausgangspunkt bildet der vormittelalterliche Stammesstaat mit lokaler und regionaler Selbstverwaltung und Rechtsprechung. Von dort ausgehendes, wiewohl nicht immer dominantes Prinzip gesellschaftlicher Organisation in Europa war die politische Partizipation, die Mitbestimmung der Regierten an den Handlungen der Regierenden. Das gilt in Kontinuität für die Ebenen des Kommunalismus, des Parlamentarismus und des Föderalismus. Auf der Ebene der Kommunen bestand ungebrochen gemeindliche Selbstverwaltung – in Dörfern wie in Städten – das ist die Kommunale Verfassung. Durch Zusammenschluss zu Kommunalverbänden entstand eine Stufe darüber die Landschaftliche Verfassung als Forum regionaler Interessen mit der Chance, staatliche Unabhängigkeit zu erringen wie die Bauernrepublik Dithmarschen bis 1559. Allein auf Gewährleistung von Herrschaft lassen sich die Landschaften nicht reduzieren.

Kommunalismus

Der Ebene des Parlamentarismus sind die Landständische und die Ständische Verfassung zuzuordnen. Zu ersterer gehören die Provinzialstände und Landtage im Rahmen von Gesamtstaaten, zu letzterer die zentralen Parlamente oder Reichstage dieser Staaten. Wechselte ihre Zusammensetzung in Kurien und Kammern und formulierten sie auch unterschiedliche Teilinteressen, so hatten sie ein gemeinsames Anliegen im Gemeinwohl, das sie in Wahrnehmung ihrer politischen Mitbestimmungsrechte gestalten wollten und bei Versagen der Herrschaft

Parlamentarismus

auch häufig gestalten mussten. Gewiss gelangen dem fürstlichen Absolutismus hier immer wieder Einbrüche und Beschränkungen, bisweilen auch die völlige Beseitigung der Mitsprache der Untertanen, aber im politischen Bewusstsein blieb der Parlamentarismus erhalten und war jederzeit zu aktivieren.

Föderalismus

Zum Föderalismus zählen wir Ständische Konföderationen und Überstaatliche Konföderationen, die bisher kaum im Blickfeld der Ständeforschung gestanden haben. Zu bestimmten, gemeinsam definierten Zwecken schlossen sich Landschaften, Städte und Territorien zu Konföderationen zusammen, die sich für ihre politische Willensbildung der bekannten Institutionen, Rechte und Verfahrensweisen der Ständischen Verfassung bedienten und sich damit als alteuropäische Republiken etablierten. Hierher gehören die Eidgenossenschaft und die Generalstaaten der Niederlande ebenso wie Landfriedens- und Städtebünde, also auch die Hanse mit ihren begrenzten staatlichen Zielen der Sicherung des Handels nach außen, der Rechtssicherheit im Inneren sowie der Bewahrung der Form ihrer Selbstverwaltung unter Dominanz der Kaufleute. Auf einer höheren Stufe konnten überstaatliche Konföderationen entstehen, die ebenfalls begrenzte Ziele verfolgten wie die innere und äußere Friedenswahrung. In Skandinavien lässt sich in gewissem Sinne die Kalmarer Union, die von 1397 bis 1523 bestand, als eine solche Konföderation betrachten. Auch das Heilige Römische Reich ging den Weg in den Föderalismus, als die Territorien mit dem Westfälischen Frieden 1648 die Souveränität erhielten und der Reichstag sich 1660 als immerwährender Gesandtenkongress in Regensburg einrichtete.

Immerwährender
Reichstag
Regensburg

Reichsverfassung

Überstaatliche
Konföderation

Innerhalb des Reiches, das heißt im Rahmen des Reichsrechts und seiner Schlichtungsinstanzen, lassen sich die genannten drei Stufen politischer Partizipation ebenfalls wiederfinden (Abbildung 2). Der Reichstag stand an der Spitze und wirkte ohne Zweifel als Modell für die Institutionen und Rechte politischer Mitbestimmung auf den anderen Ebenen. Er ging in der zweiten Hälfte des 17. Jahrhunderts von der Form der Ständischen Verfassung in die einer überstaatlichen Konföderation über. Nach der Typologie HINTZES setzte er sich aus zwei Kammern (Kurfürsten und Fürsten) und einer Kurie (Reichsstädte) zusammen. Der Reichstag interpretierte und setzte den rechtlichen Rahmen, innerhalb dessen sich die politische Mitbestimmung auf den anderen Ebenen entwickeln konnte. Bei Streit darüber übernahmen der Reichstag, der Kaiser, das Reichskammergericht und zunehmend der Reichshofrat die Aufgabe von Schlichtern. Dabei wirkte das Reichsrecht als eine Art Bestandsgarantie für vorhandene Mitbestimmungsrechte der Untertanen gegenüber ihren Obrigkeiten, den Reichsständen.

6. Aktuelle Forschungen: Generalisierungen, Typologien 83

Auf der Ebene der Kommunalen Verfassung waren es vor allem die Freien und Reichsstädte, die auf den schützenden Rahmen des Reichsrechts angewiesen waren. Denn ihre Unabhängigkeit gegenüber benachbarten Landesherren blieb ebenso wenig unangefochten wie ihr innerer Friede. Verfassungskonflikte wie in Frankfurt am Main, Lübeck oder Hamburg im 17. und frühen 18. Jahrhundert zwischen Rat, Bürgerschaft und Korporationen ließen sich erfolgreich durch Appellation an das Reich und durch eingesetzte kaiserliche Kommissionen lösen. In Kleinterritorien oder in einigen Regionen großer Territorialstaaten bildete sich die Landschaftliche Verfassung heraus. In ihren Versammlungen traten – in der Regel nicht getrennt – bürgerliche Vertreter aus den Städten und bäuerliche Repräsentanten aus Ämtern oder Kirchspielen, Dörfern oder Bauerschaften in einer Kammer zusammen. Sie berieten und beschlossen über dringende Angelegenheiten der Herrschaft ebenso wie über ihre regionalspezifischen Probleme. [Kommunale Verfassung]

Breiten Raum nahm die Landständische Verfassung mit ihren Landtagen ein. In ihrer Zusammensetzung ist zwischen geistlichen und weltlichen Territorien zu unterscheiden. In den geistlichen Wahlfürstentümern bildeten die Kapitel als Wahlkörperschaften – ähnlich wie die Kurfürsten auf Reichsebene – eine eigene oberste Kurie des Landtages. Sie konnte den Adel und die Geistlichkeit mit vertreten, während die Städte eine eigene Kurie bildeten, deren Anzahl mithin zwischen zwei und vier schwankte. In den weltlichen Erbfürstentümern bestanden die Landtage aus den klassischen drei Kurien – Adel, Geistlichkeit, Städte –, die sich jedoch auf zwei reduzieren konnten, wenn ein Stand ausschied wie der Adel in Württemberg oder die Geistlichkeit in vielen Territorien nach der Reformation. Die Vertretung der Bauern gehörte zu den Ausnahmen: sie saßen auf dem Landtag in Ostfriesland und im späten 18. Jahrhundert auch in Württemberg. Reichspolitik und Landtage waren vor allem auf dem Gebiet der Steuern eng mit einander verknüpft, indem der Reichstag finanzielle Forderungen an die Reichsstände erhob und die Veranlagungsmodi festlegte; beides hatten die Landtage im Einzelnen umzusetzen. [Landständische Verfassung]

Innerhalb des Reiches bildeten sich auch Ständische Konföderationen, die zunächst nicht in direkter Verbindung mit dem Reichstag standen, aber durchaus zeitweise öffentliche Aufgaben des Reiches übernahmen und erfüllten, insbesondere im Bereich der regionalen Friedenswahrung einschließlich der Rechtsprechung über Friedensbrüche. Hierher gehören die Landfriedens- und Städtebünde, die mit ihren Bundesversammlungen und gewählten politisch-militärischen Anführern über republikanische Instrumente politischer Willensbildung und [Ständische Konföderationen] ihrer Durchsetzung verfügten. Auf die weitergehende Zielsetzung und länger – bis ins 17. Jahrhundert – dauernde Aktivität des Bundes der Hansestädte ist hier ebenfalls hinzuweisen, wiewohl er dem Reich fern stand. Ein ebenfalls reichsferner Landschaftsbund wie die Eidgenossenschaft der Schweiz schied 1648 aus dem Reichsverband aus. Zu den Ständischen Konföderationen lassen sich schließlich die Reichskreise zählen, die mit der Reichsexekutions-Ordnung von 1555 die Aufgaben der regionalen Wahrung des Landfriedens übertragen bekamen und diese im wesentlichen auch erfüllten. Sie waren eigentlich fest institutionalisierte Landfriedensbünde mit republikanischer Verfassung: Kreistage, gewählte Kreisobristen und Kreisausschreibende Fürsten.

So finden sich auch im Rahmen der Reiches alle drei Ebenen der erweiterten Typologie Ständischer Verfassungen wieder, allerdings nur in statischer Betrachtung der institutionellen Ausformungen. Damit ist über die Entwicklung allerdings noch wenig ausgesagt, die durch häufige Verfassungskonflikte gekennzeichnet war. Ihre durchaus unterschiedlichen Ergebnisse belegen die Unmöglichkeit, Entwicklungen der Ständischen Verfassungen zu typisieren und in modernisierungstheoretische Regelhaftigkeiten oder gar Prognosen einzupassen. Dynamischen Faktoren historischer Prozesse eignen Zufälligkeiten, die sich nur deskriptiv analysieren lassen. Darin liegt die offene Zukunft, die wir der Vergangenheit zurück zu geben haben (Thomas Nipperdey).

Dynamische Faktoren entziehen sich der Typisierung

Typologien sind jedoch hilfreich und sogar notwendig für die Ebene der institutionellen Ausprägungen Ständischer Verfassungen. Denn die Vielfalt und die Reichweite politischer Partizipation ist nur mit Hilfe einer Typologie zu erfassen, zu ordnen und zu profilieren. Die Frage, wie der moderne Parlamentarismus geworden ist, findet Antworten in typisierender wie deskriptiver Betrachtung.

6. Aktuelle Forschungen: Generalisierungen, Typologien

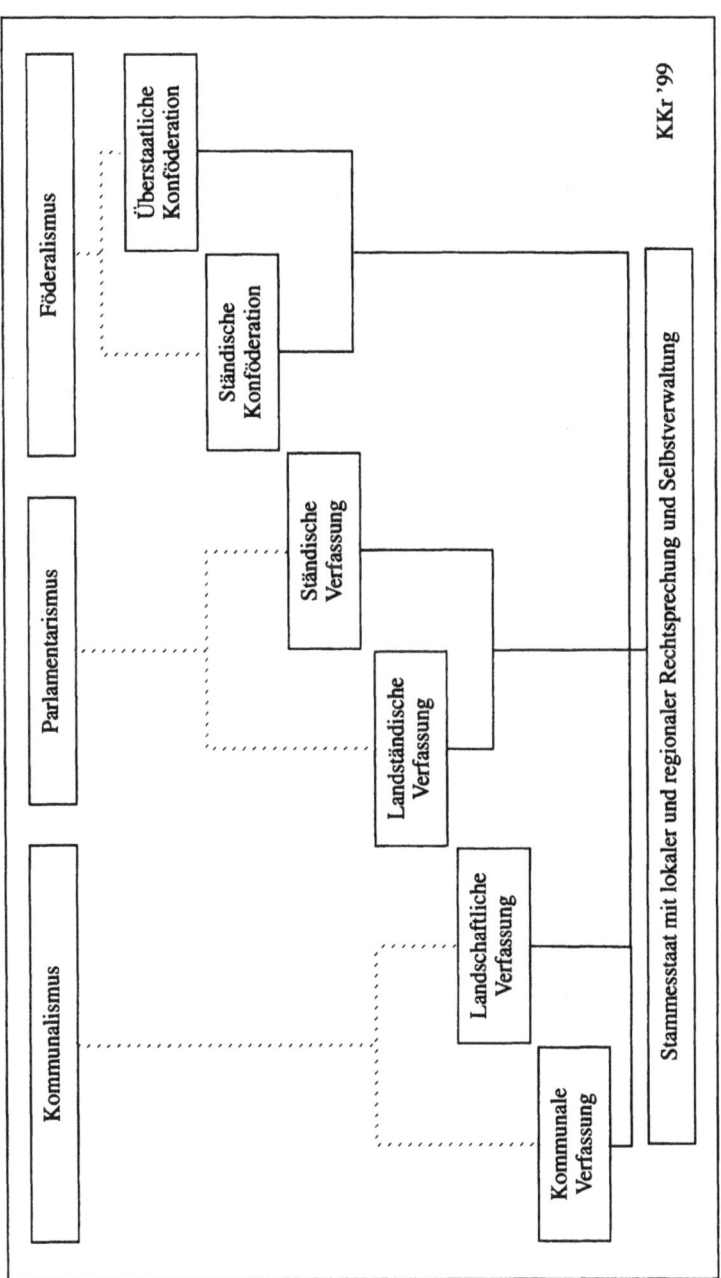

Abb. 1: Ausprägungen ständischer Verfassungen nach Gerhard Oestreich (erweitert)

86 II. Grundprobleme und Tendenzen der Forschung

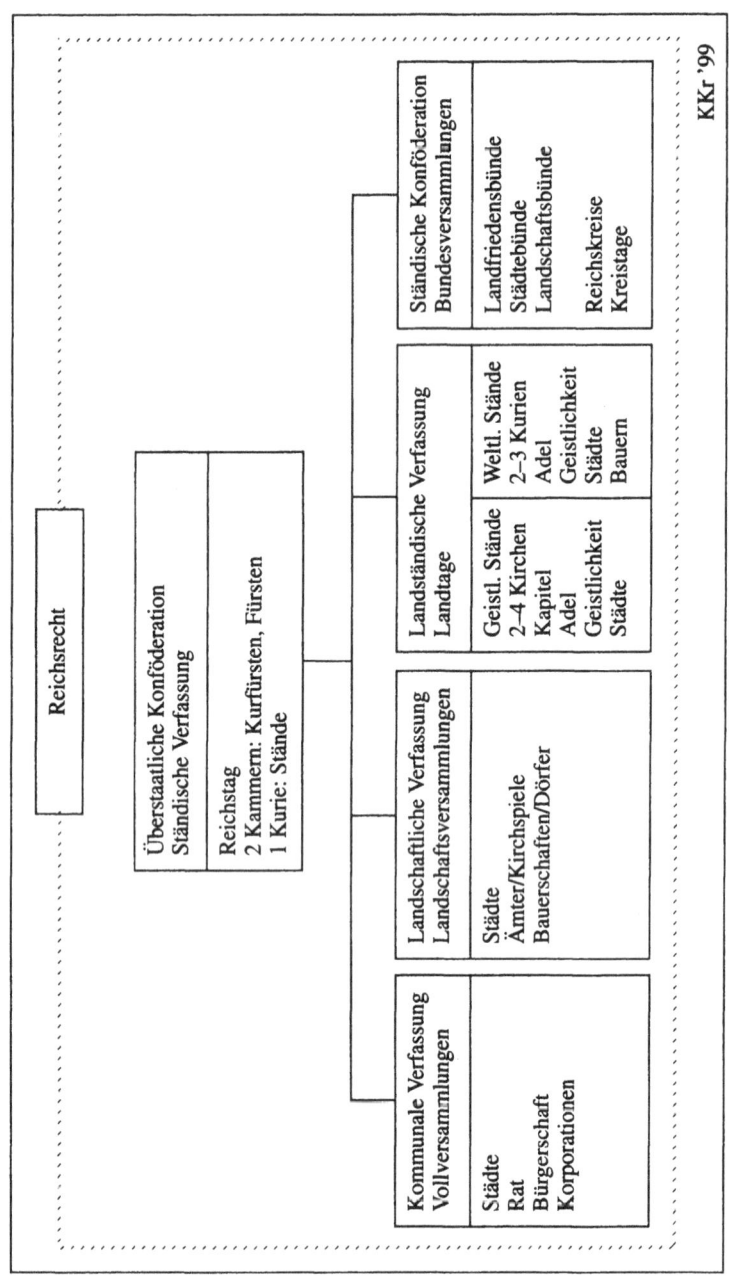

Abb. 2: *Ständische Verfassungen im Heiligen Römischen Reich*

III. Quellen und Literatur

Es gelten die Abkürzungen der HZ.

A. Quellen

Weitere Quellensammlungen, besonders Landtagsakten siehe unter den einzelnen Territorien am Beginn.

1. P. BLICKLE; R. BLICKLE (Hrsg.), Schwaben von 1268 bis 1803. München 1979.
2. H. BRANDT (Hrsg.), Restauration und Frühliberalismus 1814–1840. Darmstadt 1979.
3. W. NÄF (Hrsg.), Herrschaftsverträge des Spätmittelalters. 2. Aufl. Bern 1975.
4. P. SANDER; H. SPANGENBERG (Hrsg.), Urkunden zur Geschichte der Territorialverfassung. Stuttgart 1922/26. Neudruck: Aalen 1965.
5. K. ZEUMER (Hrsg.), Quellensammlung zur Geschichte der Deutschen Reichsverfassung in Mittelalter und Neuzeit. Tübingen 2. Aufl. 1913.

B. Literatur

1. Allgemeines

6. K. S. BADER, Dorfgenossenschaft und Dorfgemeinde. Weimar 1962.
7. P. BAUMGART (Hrsg.), Ständetum und Staatsbildung in Brandenburg-Preußen. Berlin 1983.
8. G. v. BELOW, Die landständische Verfassung in Jülich und Berg bis zum Jahre 1511. Eine verfassungsgeschichtliche Studie. Bde. 1–3. Düsseldorf 1885–1981.
9. G. v. BELOW, System und Bedeutung der landständischen Verfassung, in: Territorium und Stadt. 2. Aufl. München und Berlin 1923, 53–160.

10. K. v. BEYME, Repräsentatives und parlamentarisches Regierungssystem. Eine begriffsgeschichtliche Analyse, in: [110: Bd. 2, 396–418].
11. G. BIRTSCH, Die landständische Verfassung als Gegenstand der Forschung, in: [45: 32–55].
12. P. BLICKLE, Kommunalismus, Parlamentarismus, Republikanismus, in: HZ 242 (1986), 529–556.
13. P. BLICKLE, Landschaften im Alten Reich. Die staatliche Funktion des gemeinen Mannes in Oberdeutschland. München 1973.
14. P. BLICKLE (Hrsg.), Landschaften und Landstände in Oberschwaben. Bäuerliche und bürgerliche Repräsentation im Rahmen des frühen europäischen Parlamentarismus. Tübingen 2000.
15. P. BLICKLE, Perspektiven ständegeschichtlicher Forschung, in: [18: 34–38].
16. P. BLICKLE; G. BRADLER; F. QUARTHAL (Hrsg.), Von der Ständeversammlung zum demokratischen Parlament. Die Geschichte der Volksvertretungen in Baden-Württemberg. Stuttgart 1982.
17. W. P. BLOCKMANS, A typology of representative institutions in late medieval Europe, in: Journal of Medieval History 4 (1978), 189–215.
18. H. BOOCKMANN (Hrsg.), Die Anfänge der ständischen Vertretungen in Preußen und seinen Nachbarländern. München 1992.
19. K. BOSL, Die Geschichte der Repräsentation in Bayern. München 1974.
20. K. BOSL, Herrscher und Beherrschte im Deutschen Reich des 10. bis 12. Jahrhunderts, in: [110: Bd. 2, 1–27].
21. K. BOSL, Repräsentierte und Repräsentierende. Vorformen und Traditionen des Parlamentarismus an der gesellschaftlichen Basis der deutschen Territorialstaaten vom 16. bis zum 18. Jahrhundert, in: [23: 99–120].
22. K. BOSL, Zu einer Geschichte der bäuerlichen Repräsentation in der deutschen Landgemeinde, in: Liber Memoralis Antonio Dell Era. Brüssel 1963, 1–17.
23. K. BOSL; K. MÖCKL (Hrsg.), Der moderne Parlamentarismus und seine Grundlagen in der ständischen Repräsentation. Berlin 1977.
24. H. BRANDT, Landständische Repräsentation im deutschen Vormärz. Politisches Denken im Einflußfeld des monarchischen Prinzips. Neuwied und Berlin 1968.
25. O. BRUNNER, Land und Herrschaft. Grundfragen der territorialen Verfassungsgeschichte Österreichs im Mittelalter. 5. Aufl. Wien 1968. Neudruck Darmstadt 1973.

26. O. BRUNNER, Die Freiheitsrechte in der altständischen Gesellschaft [1954], in: DERS., Neue Wege der Verfassungs- und Sozialgeschichte. 2. Aufl. Göttingen 1968, 187–198.
27. O. BRUNNER, Vom Gottesgnadentum zum monarchischen Prinzip [1956], in: DERS., Neue Wege der Verfassungs- und Sozialgeschichte. 2. Aufl. Göttingen 1968, 160–186.
28. G. BUCHDA, Reichsstände und Landstände in Deutschland im 16. und 17. Jahrhundert, in: [110: Bd. 2, 211–241].
29. F. L. CARSTEN, Princes and Parliaments in Germany. From the Fifteenth to the Eighteenth Century. Oxford 1959. 2. Aufl. 1963. Das Schlusskapitel in deutscher Übersetzung: Die deutschen Landstände und der Aufstieg der Fürsten, in: [110: Bd. 2, 315–340].
30. F. L. CARSTEN, The Causes of the Decline of the German Estates, in: Album Helen Maud Cam. Bd. 2. Löwen und Paris 1961, 287–296. Auch in: DERS., Essays in German History. London and Ronceverte 1985, 119–126.
31. F. L. CARSTEN, Die Ursachen des Niedergangs der deutschen Landstände, in: HZ 192 (1961), 273–281.
32. H. CHRISTSTERN, Deutscher Ständestaat und englischer Parlamentarismus, in: HZ 162 (1940), 96–111.
33. M.-J. Y. CONGAR, Quod omnes tangit, ab omnibus tractari et approbari debet [1958], in: [110: Bd. 1, 115–182].
34. H. DREITZEL, Absolutismus und ständische Verfassung in Deutschland. Ein Beitrag zu Kontinuität und Diskontinuität der politischen Theorie in der frühen Neuzeit. Mainz 1992.
35. G. DUNKEN, Deutsche Bauern in den Landständen des 14. und 15. Jahrhunderts, in: Wissenschaftliche Annalen 5 (1956), 155–163.
36. N. ELIAS, Über den Prozeß der Zivilisation. Soziogenetische und psychogenetische Untersuchungen [1939]. 2 Bde. 6. Aufl. Frankfurt am Main 1978–1979.
37. F. ENGELS, Zum „Bauernkrieg", in: MARX, ENGELS, Werke (MEW). Bd. 21. Berlin 1979, 402–403.
38. R. FAWTIER, Das englische Parlament und die französischen Generalstände im Mittelalter [1953], in: [110: Bd. 1, 346–373].
39. P. FELDBAUER, Herren und Ritter. Wien 1973.
40. R. FOLZ, Les assemblées d'Etats dans les principautés allemandes (fin XIIIe – début XVIe siècles), in: Schweizer Beiträge zur Allgemeinen Geschichte 20 (1962/63), 167–187. Übersetzung: Die Ständeversammlungen in den deutschen Fürstentümern (vom

Ende des 13. bis zum Beginn des 16. Jahrhunderts), in: [110: Bd. 2, 181-210].
41. G. FRANZ, Die Bauern in den deutschen Landtagen des 19. Jahrhunderts, in: Geschichte in der Gesellschaft. Fschr. für Karl Bosl zum 65. Geburtstag. Stuttgart 1974, 28-49.
42. P. FRIED, „Modernstaatliche" Entwicklungstendenzen im bayrischen Ständestaat des Spätmittelalters. Ein methodischer Versuch [1971], in: [110: Bd. 2, 341-395].
43. F. GENTZ, Über den Unterschied zwischen den landständischen und Repräsentativ-Verfassungen [1819], in: [2: 218-223].
44. D. GERHARD, Probleme ständischer Vertretungen im frühen achtzehnten Jahrhundert und ihrer Behandlung in der gegenwärtigen internationalen Forschung, in: [45: 9-31].
45. D. GERHARD (Hrsg.), Ständische Vertretungen in Europa im 17. und 18. Jahrhundert. Göttingen 1969. 2. Aufl. 1974.
46. D. GERHARD, Regionalismus und ständisches Wesen als Grundthema europäischer Geschichte, in: HZ 174 (1952), 307-337. Auch in: H. KÄMPF (Hrsg.), Herrschaft und Staat im Mittelalter. Darmstadt 1964, 332-364.
47. D. GERHARD, Otto Hintze. His Work and Significance in Historiography, in: Album François Dumont. Brüssel 1977, 271-307.
48. O. V. GIERKE, Das deutsche Genossenschaftsrecht. Bd. 1: Rechtsgeschichte der deutschen Genossenschaft. Berlin 1868. Neudruck Darmstadt 1954.
49. K. GÓRSKI, Die Anfänge des Ständewesens in Nord- und Ostmitteleuropa im Mittelalter, in: Standen en Landen 40 (1965), 42-59.
50. K. GÓRSKI, Institutions représentatives et émancipation de la noblesse. Pour une typologie des Assemblées d'Etats au XVe siècle, in: XIIIeCongrès International des Sciences Historiques. Warschau und Moskau 1970, 133-147.
51. F. HARTUNG, Deutsche Verfassungsgeschichte vom 15. Jahrhundert bis zur Gegenwart. 8. Aufl. Stuttgart 1964.
52. F. HARTUNG, Herrschaftsverträge und ständischer Dualismus in den deutschen Territorien, in: Schweizer Beiträge zur Allgemeinen Geschichte 10 (1952), 163-177. Auch in: DERS., Staatsbildenden Kräfte der Neuzeit. Berlin 1961, 62-77. Auch in: [110: Bd. 2, 28-46].
53. F. HARTUNG, Der ständische Föderalismus der Neuzeit als Vorläufer des Bundesstaats, in: Schweizer Beiträge zur Allgemeinen Geschichte 18/19 (1960/61), 347-373.

54. H. HELBIG, Königtum und Ständeversammlung am Ende des Mittelalters [1962], in: [110: Bd. 2, 94–122].
55. P. HERDE, Deutsche Landstände und englisches Parlament. Bemerkungen zu F. L. Carsten, Princes and Parliaments in Germany, in: HJb 80 (1961), 286–297.
56. O. HINTZE, Weltgeschichtliche Bedingungen der Repräsentativverfassungen, in: HZ 143 (1931), 1–47. Auch in: DERS., Staat und Verfassung. Gesammelte Abhandlungen. Hrsg. von G. Oestreich. Bd. 1. 3. Aufl. Göttingen 1970, 140–185. Auch in: DERS., Feudalismus - Kapitalismus. Göttingen 1970, 68–113.
57. O. HINTZE, Typologie der ständischen Verfassungen des Abendlandes, in: HZ 141 (1930), 229–248. Auch in: DERS., Staat und Verfassung. Gesammelte Abhandlungen. Hrsg. von G. Oestreich. Bd. 1. 3. Aufl. Göttingen 1970, 120–139. Auch in: DERS., Feudalismus - Kapitalismus. Göttingen 1970, 48–67.
58. O. HINTZE, Wesen und Verbreitung des Feudalismus, in: Sb. der Preußischen Akademie der Wissenschaften, phil.-hist. Klasse 20 (1929), 321–347. Auch in: DERS., Staat und Verfassung. Gesammelte Abhandlungen. Hrsg. von G. Oestreich. Bd. 1. 3. Aufl. Göttingen 1970, 84–119.
59. H. HOFMANN, Repräsentation. Studien zur Wort- und Begriffsgeschichte von der Antike bis ins 19. Jahrhundert. Berlin 1974.
60. K. G. A. JESERICH, u. a. (Hrsg.): Deutsche Verwaltungsgeschichte. Bd. 1 Stuttgart 1983.
61. F. KERN, Gottesgnadentum und Widerstandsrecht im früheren Mittelalter. Zur Entwicklungsgeschichte der Monarchie. 5. Aufl. Darmstadt 1970.
62. E. KLINGELHÖFER, Die Reichsgesetze von 1220, 1231/32 und 1235. Ihr Werden und ihre Wirkung im deutschen Staat Friedrichs II. Weimar 1955.
63. H. G. KOENIGSBERGER, Dominum regale or dominium politicum et regale? Monarchies and Parliaments in Early modern Europe, in: [23: 43–68].
64. H. G. KOENIGSBERGER, Estates and Revolutions. Essays in Early Modern European History. Ithaca und London 1971.
65. H. G. KOENIGSBERGER, Formen und Tendenzen des europäischen Ständewesens im 16. und 17. Jahrhundert, in: [7: 19–32].
66. H. G. KOENIGSBERGER, Die Machtbefugnisse der Abgeordneten in den Parlamenten des 16. Jahrhunderts, in: [110: Bd. 1, 374–414].
67. K. KORANYI, Zum Ursprung des Anteils der Städte an den ständi-

schen Versammlungen und Parlamenten im Mittelalter, in: Album Helen Maud Cam. Bd. 1. Löwen und Paris 1960, 37–54.
68. K. KRÜGER, Versuch einer Typologie ständischer Repräsentation im Reich, in: [14: 35–56].
69. U. LANGE, Landtag und Ausschuß. Hildesheim 1986.
70. U. LANGE, Der ständische Dualismus – Bemerkungen zu einem Problem der deutschen Verfassungsgeschichte, in: BlldtLG 117 (1981), 311–334.
71. G. LEIBHOLZ, Das Wesen der Repräsentation. Ein Beitrag zur allgemeinen Verfassungslehre. Berlin und Leipzig 1929. 3. Aufl. Berlin 1966: Das Wesen der Repräsentation und der Gestaltwandel der Demokratie im 20. Jahrhundert.
72. Liber Memorialis Heinrich Sproemberg, Rostock 1966. Wissenschaftliche Zeitschrift der Universität Rostock. Gesellschafts- und sprachwissenschaftliche Reihe 17 (1968).
73. E. LOUSSE, Parlamentarismus oder Korporation? Die Ursprünge der Ständevertretung, in: [110: Bd. 1, 278–302].
74. R. LÖWENTHAL, Kontinuität und Diskontinuität: Zur Grundproblematik des Symposions, in: [23: 341–356].
75. W. MAGER, Das Problem der landständischen Verfassungen auf dem Wiener Kongress 1814/15, in: HZ 217 (1973), 296–346.
76. A. MARONGIU, Jean Bodin et les assemblées d'Etats, in: Schweizer Beiträge zur Allgemeinen Geschichte 15 (1957), 182–190.
77. A. MARONGIU, Das Prinzip der Demokratie und der Zustimmung (quod omnes tangit ab omnibus approbari debet) im 14. Jahrhundert [1962], in: [110: Bd. 1, 183–211].
78. K. MARX, Der Artikel in Nr. 335 und 336 der Augsburger „Allgemeinen Zeitung" über die ständischen Ausschüsse in Preußen. Rheinische Zeitung. Nr. 365, 31. Dezember 1842, in: MARX, ENGELS, Gesamtausgabe (MEGA). Abteilung I. Bd. 1: K. MARX, Werke. Artikel. Literarische Versuche bis März 1843. Berlin 1975, 272–285.
79. K. MARX, Die Verhandlungen des 6. Rheinischen Landtags. Erster Artikel. Debatten über die Preßfreiheit. Rheinische Zeitung. Nr. 130, 10. Mai 1842 Beiblatt, in: [78: 133–142].
80. M. MITTERAUER, Grundlagen politischer Berechtigung im mittelalterlichen Ständewesen, in: [23: 11–41].
81. H. MOHNHAUPT, Die Mitwirkung der Landstände an der Gesetzgebung. Argumente und Argumentationsweise in der Literatur des 17. und 18. Jahrhunderts, in: M. STOLLEIS (Hrsg.), Die Bedeu-

tung der Wörter. Fschr. für Sten Gagnér zum 70. Geburtstag. München 1991, 249–264.
82. P. MORAW, Zu Stand und Perspektiven der Ständeforschung im spätmittelalterlichen Reich, in: [18: 1–33].
83. J. J. MOSER, Von der Teutschen Reichs-Stände Landen, deren Landständen, Unterthanen, Landes-Freyheiten, Beschwerden, Schulden und Zusammenkünften. Frankfurt und Leipzig 1769. Neudruck Osnabrück 1967.
84. J. J. MOSER, Von der Teutschen Land-Stände Conventen ohne Landesherrliche Bewilligung. o.O. 1765.
85. CH. MÜLLER, Das imperative und freie Mandat. Überlegungen zur Lehre von der Repräsentation des Volkes. Leiden 1966.
86. W. NÄF, Die Epochen der neueren Geschichte. Staat und Staatengemeinschaft vom Ausgang des Mittelalters bis zur Gegenwart. München 1970.
87. W. NÄF, Der geschichtliche Aufbau des modernen Staates, in: DERS., Staat und Staatsgedanke. Bern 1935, 29–46.
88. W. NÄF, Frühformen des „Modernen Staates" im Spätmittelalter, in: HZ 171 (1951), 225–243.
89. W. NÄF, Herrschaftsverträge und Lehre vom Herrschaftsvertrag [1949] in: [110: Bd. 1, 212–245].
90. R. FREIIN V. OER, Estates and Diets in Ecclesiastical Principalities of the Holy Roman Empire, in: Liber memorialis Georges de Lagarde. London 1968. Löwen und Paris 1969, 259–281.
91. G. OESTREICH, Ständetum und Staatsbildung in Deutschland [1967], in: DERS., Geist und Gestalt des frühmodernen Staates. Berlin 1969, 277–289. Auch in: [110: Bd. 2, 47–62].
92. G. OESTREICH, Strukturprobleme der frühen Neuzeit. Ausgewählte Aufsätze. Hrsg. von B. Oestreich. Berlin 1980.
93. G. OESTREICH, Zur Vorgeschichte des Parlamentarismus. Ständische Verfassung, landständische Verfassung und landschaftliche Verfassung, in: ZHF 6 (1979), 63–80. Auch in: [92: 253–271].
94. G. OESTREICH; I. AUERBACH, Die Ständische Verfassung in der westlichen und in der marxistisch-sowjetischen Geschichtsschreibung [1972], in: [92: 161–200].
95. G. OESTREICH, Vom Herrschaftsvertrag zur Verfassungsurkunde. Die Regierungsformen des 17. Jahrhunderts als konstitutionelle Elemente, in: [131: 45–67]. Auch in: [110: Bd. 1, 246–277]. Auch in: [92: 229–252].
96. G. OESTREICH, Ständestaat und Ständewesen im Werk Otto Hintzes, in: [45: 56–71]. Auch in: [92: 145–160].

97. G. OESTREICH, Zur parlamentarischen Arbeitsweise der deutschen Reichstage unter Karl V. (1519–1556). Kuriensystem und Ausschußbildung [1972], in: [110: Bd. 2, 242–278]. Auch in: [92: 201–228].
98. O. G. OEXLE, Die Entstehung politischer Stände im Spätmittelalter. Wirklichkeit und Wissen, in: Institutionen und Ereignis. Über historische Praktiken und Vorstellungen gesellschaftlichen Ordnens. Göttingen 1998, 137–162.
99. G. POEST, Plena Potestas and Consent in Medieval Assemblies. A Study of Roman Canonical Procedure and the Rise of Representation [1934], in: [110: Bd. 1, 30–114].
100. V. PRESS, Formen des Ständewesens in den deutschen Territorialstaaten des 16. und 17. Jahrhunderts, in: [7: 280–318].
101. V. PRESS, Vom Ständestaat zum Absolutismus. 50 Thesen, in: [7: 319–327].
102. V. PRESS, Herrschaft, Landschaft und „Gemeiner Mann" in Oberdeutschland vom 15. bis zum frühen 19. Jahrhundert, in: ZGO 123 (1975), 169–214.
103. V. PRESS, Landstände des 18. und Parlamentarismus des 19. Jahrhunderts, in: H. BERDING; P. ULLMANN (Hrsg.), Deutschland zwischen Revolution und Restauration. Königsstein/Taunus 1981, 133–157.
104. V. PRESS, Landtage im Alten Reich und im Deutschen Bund. Voraussetzungen ständischer und konstitutioneller Entwicklungen 1750–1830, in: ZWLG 39 (1980), 100–140.
105. V. PRESS, Steuern, Kredit und Repräsentation. Zum Problem der Ständebildung ohne Adel, in: ZHF 2 (1975), 59–93.
106. F. RACHFAHL, Der dualistische Ständestaat in Deutschland, in: Jb. für Gesetzgebung, Verwaltung und Volkswirtschaft im Deutschen Reich 26 (1902), 165–219.
107. F. RACHFAHL, Alte und neue Landesvertretung in Deutschland, in: Jb. für Gesetzgebung, Verwaltung und Volkswirtschaft im Deutschen Reich 33 (1909), 89–130.
108. F. RACHFAHL, Waren die Landstände eine Landesvertretung? In: Jb. für Gesetzgebung, Verwaltung und Volkswirtschaft im Deutschen Reich 40 (1916), 55–94.
109. K. V. RAUMER, Absoluter Staat, korporative Libertät und persönliche Freiheit, in: HZ 183 (1957), 55–96. Auch in: H. H. HOFMANN (Hrsg.), Die Entstehung des modernen Staates. Köln und Berlin 1967, 173–199.

110. H. RAUSCH (Hrsg.), Die geschichtlichen Grundlagen der modernen Volksvertretung. Die Entwicklung von den mittelalterlichen Korporationen zu den modernen Parlamenten. Bd.1: Allgemeine Fragen und europäischer Überblick. Darmstadt 1980. Bd. 2: Reichsstände und Landstände. Darmstadt 1974.
111. H. RAUSCH (Hrsg.), Zur Theorie und Geschichte der Repräsentation und Repräsentativverfassung. Darmstadt 1968.
112. W. REINHARD, Geschichte der Staatsgewalt. Eine vergleichende Verfassungsgeschichte Europas von den Anfängen bis zur Gegenwart. München 1999.
113. C. v. ROTTECK, Ideen über Landstände. Karlsruhe 1819, in: [2: 158–167].
114. W. SCHIEFER, Der Repräsentationscharakter der deutschen Landstände. Eine rechtshistorische Untersuchung vornehmlich für das Mittelalter, in: Westdeutsche Zs. für Geschichte und Kunst 32 (1913), 261–335.
115. G. SCHILFERT, Deutsches Ständewesen und englischer Parlamentarismus am Vorabend der französischen Revolution, in: [72: 35–42].
116. A. SCHINDLING, Reichstagsakten und Ständeforschung, in: GWU 24,7 (1973), 427–434.
117. E. SCHMITT, Repräsentation und Revolution. Eine Untersuchung zur Genesis der kontinentalen Theorie und Praxis parlamentarischer Repräsentation aus der Herrschaftspraxis des Ancien régime in Frankreich 1760–1789. München 1969.
118. F. H. SCHUBERT, Volkssouveränität und heiliges Römisches Reich [1970], in: [110: Bd. 2, 279–314].
119. W. SCHULZE, Zur politischen Bedeutung des „gemeinen Mannes" in ständischen Versammlungen des 16. Jahrhunderts, in: ZAA 21 (1973), 48–64.
120. H. SPANGENBERG, Vom Lehensstaat zum Ständestaat. Ein Beitrag zur Entstehung der landständischen Verfassung. München 1912. Neudruck Aalen 1964.
121. F. J. STAHL, Das Monarchische Princip. Eine staatsrechtlich-politische Untersuchung. Heidelberg 1845.
122. B. STOLLBERG-RILINGER, Vormünder des Volkes? Konzepte landständischer Repräsentation in der Spätphase des Alten Reiches. Berlin 1999.
123. F. STRATHMANN, Altständischer Einfluß auf die deutschen Territorialverfassungen der Jahre 1814 bis 1819. Ein Beitrag zum Pro-

blem der Kontinuität der deutschen Verfassungsgeschichte. Diss. Mainz 1955 (masch.).
124. F. TEZNER, Technik und Geist des ständisch-monarchischen Staatsrechts. Leipzig 1901.
125. B. THEIL, Vorformen ständischer Mitregierung im Mittelalter, in: [16: 21–30].
126. B. TÖPFER (Hrsg.), Städte und Ständestaat. Zur Rolle der Städte bei der Entwicklung der Ständeverfassung in den europäischen Staaten vom 13. bis zum 15. Jahrhundert. Berlin 1980.
127. B. TÖPFER, Stände und staatliche Zentralisation in Frankreich und im Reich in der 2. Hälfte des 15. Jahrhunderts, in: Jahrbuch für die Geschichte des Feudalismus 1 (1977), 233–272.
128. R. VIERHAUS, Land, Staat und Reich in der politischen Vorstellungswelt deutscher Landstände im 18. Jahrhundert, in: HZ 223 (1976), 40–60.
129. R. VIERHAUS, Ständewesen und Staatsverwaltung in Deutschland im späten 18. Jahrhundert, in: Dauer und Wandel der Geschichte. Aspekte europäischer Vergangenheit. Festgabe für Kurt von Raumer. Münster 1966, 337–360.
130. R. VIERHAUS, Von der altständischen zur Repräsentativverfassung. Zum Problem institutioneller und personeller Kontinuität vom 18. zum 19. Jahrhundert, in: [23: 177–194].
131. R. VIERHAUS (Hrsg.), Herrschaftsverträge, Wahlkapitulationen, Fundamentalgesetze. Göttingen 1977.
132. D. WILLOWEIT, Genossenschaftsprinzip und altständische Entscheidungsstrukturen in der frühneuzeitlichen Staatsentwicklung, in: G. DILCHER; B. DIESTELKAMP (Hrsg.), Recht, Gericht, Genossenschaft und Policey. Symposon für Adalbert Erler. Berlin 1986, 126–138.
133. A. WOLF, Tagungsorte von Ständeversammlungen und Parlamenten als Forschungsaufgabe, in: [72: 59–73].
134. A. WOLF, Neue Materialien und Fragestellungen einer Ikonographie der Ständeversammlungen, in: XIIIe Congrès International des Sciences Historiques. Warschau und Moskau 1970, 21–26.
135. B. WUNDER, Landstände und Rechtsstaat. Zur Entstehung und Verwirklichung des Art. 13 DBA, in: ZHF 5 (1978), 139–185.

2. Zeitschriften und Reihen

136. Standen en Landen, Anciens pays et assemblées d'Etats. Löwen/Louvain 1 (1950 ff.). Index Bd. 1–50 (1950–1970) im Bd. 51.

137. Études présentées á la Commission Internationale pour l'histoire des Assemblées d'Etats. Studies presented to the International Commission for the History of Representative and Parliamentary Institutions. Bd. 1 ff. Löwen/Louvain 1937 ff.
138. Parliaments, Estates and Representation. Published for the Commission for the History of Representative and Parliamentary Institutions. London 1 (1981 ff.).

3. Regionale Darstellungen

3.1 Franken

139. H. H. HOFMANN, Ständische Vertretungen in Franken. Versuch eines Überblicks, in: Jb. für fränkische Landesforschung 24 (1964), 111–118.
140. U. MÜLLER, Die ständische Vertretung in den fränkischen Markgrafschaften in der ersten Hälfte des 16. Jahrhunderts. Neustadt/ Aisch 1984.

3.2 Mitteldeutschland, Thüringen und Sachsen

141. B. BURKHARDT; H. AUGUST (Hrsg.), Ernestinische Landtagsakten. Bd. 1: Die Landtage von 1487–1532. Jena 1902.
142. H. HELBIG, Der wettinische Ständestaat. Untersuchungen zur Geschichte des Ständewesens und der landständischen Verfassung in Mitteldeutschland bis 1485. 2. Aufl. Köln und Wien 1980.
143. H. HELBIG, Ständische Einigungsversuche in den mitteldeutschen Territorien am Ausgang des Mittelalters, in: Album Helen Maud Cam. Bd. 2. Löwen und Paris 1961, 185–209.
144. E. MÜLLER, Die ernestinischen Landtage in der Zeit von 1485 bis 1572 unter besonderer Berücksichtigung des Steuerwesens, in: Forschungen zur thüringischen Landesgeschichte. Friedrich Schneider zum 70. Geburtstag am 14. Oktober 1957. Weimar 1958, 188–288.
145. E. MÜLLER, Türkensteuer und Landsteuer im ernestinischen Sachsen von 1485–1572. Diss. Jena 1951 (masch.).

3.3 Niederrhein und Niederlande

146. W. P. BLOCKMANS; P. VAN PEGTEGHEM, La Pacification de Gand à la lumière d'un siècle de continuité constitutionelle dans les Pays-Bas 1477–1576, in: [131: 220–234].
147. L. P. GACHARD, Actes des Etats généraux des Pays-Bas 1576–1585. Notice chronologique et analytique. Brüssel 1861–1866.

148. J. Hashagen, Die preußische Herrschaft und die Stände am Niederrhein, in: Westdeutsche Zs. für Geschichte und Kunst 28 (1909), 1–29.
149. W. Janssen, Landesherrliche Verwaltung und landständische Vertretung in den niederrheinischen Territorien 1250–1350, in: Annalen des historischen Vereins für den Niederrhein 173 (1971), 85–122.
150. W. Jappe-Alberts, Zur Entstehung der Stände in den weltlichen Territorien am Niederrhein, in: Aus Geschichte und Landeskunde. Fschr. Franz Steinbach zum 65. Geburtstag. Bonn 1960, 333–439.
151. H. G. Koenigsberger, The states general of the Netherlands before the revolt, in: Xe Congrès Inernational des sciences historiques Rome 1955. Löwen 1958, 141–158.
152. H. Lademacher, Stände und Statthalter zur Zeit des Prinzen von Oranien (1572–1584), in: AKG 40 (1958), 222–250.
153. K. Nüsse, Die Entwicklung der Stände im Herzogtum Geldern bis zum Jahre 1418 nach den Stadtrechnungen von Arnheim. Geldern 1958.
154. F. Petri, Landschaftliche und überlandschaftliche Kräfte im habsburgisch-klevischen Ringen um Geldern und im Frieden von Venlo (1537–1543), in: Aus Geschichte und Landeskunde. Fschr. Franz Steinbach zum 65. Geburtstag. Bonn 1960, 92–113.
155. F. Seibt, Landesherr und Stände in Westmitteleuropa am Ausgang des Mittelalters, in: Stände und Landesherrschaft in Ostmitteleuropa in der frühen Neuzeit. Marburg 1995, 11–22.

3.4 Norddeutschland und Niedersachsen

156. M. v. Boetticher (Hrsg.), Landstände und Landtage. Der Weg zur demokratischen Volksvertretung in Niedersachsen. Hannover 1996.
157. C. Haase, Das ständische Wesen im nördlichen Deutschland. Göttingen 1964.
158. W. R. Reinicke, Landstände im Verfassungsstaat. Verfassungsgeschichte und gegenwärtige Rechtsstellung der Landschaften und Ritterschaften in Niedersachsen. Göttingen 1976.
159. E. Schubert, Steuer, Streit und Stände. Die Ausbildung ständischer Repräsentation in niedersächsischen Territorien des 16. Jahrhunderts, in: Niedersächsisches Jb. für Landesgeschichte, 63 (1991), 1–58.
160. H.-U. Scupin, Staatsstruktur und Staatsfunktion in den ständisch-patrimonialen Territorien im deutschen Nordwesten gegen Ende

des Heiligen Römischen Reiches, in: A. BUSCHMANN (Hrsg.), Fschr. für Rudolf Gmür zum 70. Geburtstag. Bielefeld 1983, 37–52.
161. R. VIERHAUS, Die Landstände in Norddeutschland im späten 18. Jahrhundert, in: [45: 72–93].

3.5 Südwestdeutschland und Oberrhein

162. P. BLICKLE, Herrschaft und Landschaft im deutschen Südwesten, in: G. FRANZ (Hrsg.), Bauernschaft und Bauernstand 1500–1970. Limburg/Lahn 1975, 17–41.
163. G. BRADLER; F. QUARTHAL (Hrsg.), Von der Ständeversammlung zum demokratischen Parlament. Die Geschichte der Volksvertretungen in Baden-Württemberg. Stuttgart 1982.
164. E. GOTHEIN, Die Landstände am Oberrhein, in: 25 Jahre der Badischen Historischen Kommission. Heidelberg 1909, 29–50.
165. F. QUARTHAL, Landstände und Fürstenverträge süddeutscher Territorien im Spätmittelalter, in: W. ZIEGLER (Hrsg.), Der Bayerische Landtag vom Spätmittelalter bis zur Gegenwart. Probleme und Desiderate historischer Forschung. München 1995, 35–57.
166. B. WITTE, Herrschaft und Land im Rheingau. Meisenheim/Glan 1959.

3.6 Westdeutschland und Westfalen

167. J. HANSEN (Hrsg.), Quellen zur Geschichte des Rheinlandes im Zeitalter der französischen Revolution 1780–1801. 4 Bde. Bonn 1931–1938.
168. E. ENNEN, Bemerkungen zur ständestaatlichen Entwicklung im Westen des alten Deutschen Reiches, vornehmlich in Brabant und Köln, in: Annalen des historischen Vereins für den Niederrhein 117 (1975), 318–332.
169. E. ENNEN, Landeshauptstadt und landständische Verfassung im Westen des alten Deutschen Reiches, in: DIES., Gesammelte Abhandlungen zum europäischen Städtewesen und zur rheinischen Geschichte. Bonn 1977, 478–484.
170. H. HELBIG, Fürsten und Landstände im Westen des Reiches im Übergang vom Mittelalter zur Neuzeit [1962], in: [110: Bd. 2, 123–180].
171. H. KLUETING, Bauern auf den ‚Erbentagen' nordwestdeutscher Territorien, in: Parliaments, Estates and Representation 7 (1987), 41–49.

172. R. KUHNA, Die ständische Verfassung in den westfälischen Landesteilen Preußens und im Fürstbistum Münster. Diss. Münster 1963 (masch.).

4. Weltliche Territorien

4.1 Anhalt

173. H. LENZ, Die landständische Verfassung von Anhalt, in: Sachsen und Anhalt 11 (1935), 83–106.

4.2 Ansbach und Bayreuth

174. A. JEGEL, Die landständische Verfassung in den ehemaligen Fürstentümern Ansbach-Bayreuth. Diss., Würzburg 1912. Auch in: Archiv für die Geschichte und Altertumskunde von Oberfranken 24/25, (1910–1930).
175. A. JEGEL, Tätigkeit der Landstände in Ansbach-Bayreuth 1534–1541, in: Programm des Königlichen Realgymnasiums Nürnberg 1910.
176. F. SCHUH, Der Markgraf Christian Ernst und die landständische Verfassung des Fürstentums Bayreuth. Diss. Erlangen 1930 (masch).
177. O. VEH, Die Bayreuther Landstände unter dem Markgrafen Christian 1603–1655. Teil 1: 1603–1655. Teil 2: 1603–1629, in: Archiv für die Geschichte und Altertumskunde von Oberfranken 33 (1938), 1–64; 34 (1939), 1–27.

4.3 Baden

178. E. GOTHEIN, Die Landstände am Oberrhein, in: 25 Jahre der Badischen Historischen Kommission, Heidelberg 1909, 29–50.
179. J. GUT, Die Landschaft auf den Landtagen der markgräflich badischen Gebiete. Berlin 1970.
180. W. LEISER, Amt und Einigung in Baden, in: W. MÜLLER (Hrsg.), Landschaft und Verfassung. Bühl-Baden 1969, 354–373.
181. K. SEITH, Wesen und Bedeutung der landständischen Einrichtung des Markgräfler Landes am Ausgang des Mittelalters. Ein Beitrag zu ihrer Geschichte, in: Bader Jb. 47 (1927), 147–166.
182. F. v. WEECH, Die badischen Landtagsabschiede von 1554–1668, in: ZGO 29 (1877), 323–423.

4.4 Bayern

4.4.1 Quellen

183. K.-L. AY (Hrsg.), Dokumente zur Geschichte von Staat und Gesellschaft in Bayern. Abt. 1, Bd. 2: Altbayern von 1180 bis 1550. München 1977.
184. G. F. DÖLLINGER, Sammlung der im Gebiete der inneren Staats-Verwaltung des Königreichs Bayern bestehenden Verordnungen. Bd. 5. München 1838.
185. F. v. KRENNER, Baierische Landtagshandlungen in den Jahren 1429 bis 1513. 18 Bde. München 1803–1805. [Weiterhin wurden die Landtagsverhandlungen der Jahre 1514, 1515/16, 1542, 1557, 1568, 1605, 1612 und 1669 anonym, vermutlich von Krenner, veröffentlicht: München 1802–07.]
186. G. FREIHERR V. LERCHENFELD, Die altbaierischen landständischen Freibriefe mit den Landesfreiheitserklärungen nach den officiellen Druckausgaben. München 1853.
187. C. v. PRIELMAIR, Der bayerische Landtag von 1669. Nach einem Bericht des geheimen Kammersekretärs Corbinian von Prielmair. Hrsg. von Rudolf Schlögl, in: ZBLG 52 (1989), 55–289.

4.4.2 Darstellungen

188. K. O. FREIHERR V. ARETIN, Bayerns Weg zum souveränen Staat. Landstände und konstitutionelle Monarchie 1714–1718. München 1976.
189. K. O. FREIHERR V. ARETIN, Die bayerische Landschaftsverordnung 1714–1777, in: [45: 208–246].
190. K.-L. AY, Der Ingolstädter Landtag von 1563 und der bayerische Frühabsolutismus, in: ZBLG 41 (1978), 401–416.
191. K. BOSL, Geschichte der Repräsentation in Bayern. Landständische Bewegung, landständische Verfassung, Landesausschuß und altständische Gesellschaft. München 1974.
192. K. BOSL, Stände und Territorialstaat in Bayern im 14. Jahrhundert. Voraussetzungen und Formen, Tendenzen und Kräfte der landständischen Bewegung im frühen Territorialstaat, in: H. PATZE (Hrsg.), Der deutsche Territorialstaat im 14. Jahrhundert. Bd. 2. Sigmaringen 1970, 343–368.
193. P. FRIED, Modernstaatliche Entwicklungstendenzen im bayerischen Ständestaat des Spätmittelalters. Ein methodischer Versuch, in: H. PATZE (Hrsg.), Der deutsche Territorialstaat im 14. Jahrhundert. Bd. 2. Sigmaringen 1970, 301–341.

194. G. GREINDL, Untersuchungen zur bayerischen Ständeversammlung im 16. Jahrhundert. Organisation, Aufgaben und Rolle der adeligen Korporation. München 1983.
195. F. J. HÄBERLE, Franz Xaver von Stubenrauch und die Auseinandersetzung zwischen Kurfürst und Landschaftsverordnung um die staatliche Wirtschaftspolitik Bayerns von 1765, in: ZBLG 37 (1974), 49–92.
196. K. HARTMANN, Der Prozeß gegen die protestantischen Landstände in Bayern unter Herzog Albrecht V. 1564. Diss. München 1904.
197. R. HEYDENREUTER, Der landesherrliche Hofrat unter Herzog und Kurfürst Maximilian I. von Bayern (1598–1651). München 1981.
198. S. HIERETH, Die Ottonische Handveste von 1311 und die niederbayerischen Stände und Märkte, in: ZBLG 33 (1970), 135–154.
199. M. LANZINNER, Fürst, Räte und Landstände. Die Entstehung der Zentralbehörden in Bayern 1511–1598. Göttingen 1980.
200. J. LASCHINGER, Amberg und der Landtag von 1707, in: ZBLG 52 (1989), 255–289.
201. H. RANKL, Staatshaushalt, Stände und „Gemeiner Nutzen" in Bayern 1500–1516. München 1976.
202. E. RIEDENAUER, Zur Entstehung und Ausformung des landesfürstlichen Briefadels in Bayern, in: ZBLG 47 (1984), 609–673.
203. M. SCHATTENHOEFER, Landtage und Erbhuldigungen im Alten Rathaus zu München, in: ZBLG 33 (1970), 155–182.
204. O. STEINWACHS, Der Ausgang der landschaftlichen Verordnung in Bayern, in: Oberbayrisches Archiv 55 (1910), 60–138, 284–332; 56 (1912), 37–59; 57 (1913), 38–118.
205. W. VOLKERT, Die älteren bayerischen Landtafeln, in: Archivalische Zs. 75 (1979), 250–262.
206. E. WEIS, Kontinuität und Diskontinuität zwischen den Ständen des 18. Jahrhunderts und den frühkonstitutionellen Parlamenten von 1818/1819 in Bayern und Württemberg, in: DERS., Deutschland und Frankreich um 1800. Aufklärung, Revolution, Reform. München 1990, 218–242.
207. V. WITTMÜTZ, Die Gravamina der bayerischen Stände im 16. und 17. Jahrhundert als Quelle für die wirtschaftliche Situation und Entwicklung in Bayern. München 1970.
208. W. ZIEGLER (Hrsg.), Der baycrische Landtag vom Spätmittelalter bis zur Gegenwart. Probleme und Desiderate historischer Forschung. München 1995.

Berg: siehe Jülich

4.5 Böhmen

209. Die böhmischen Landtagsverhandlungen und Landtagsbeschlüsse vom Jahr 1526 an bis auf die Neuzeit. Bde. 1–15. Prag 1877–1917.
210. I. AUERBACH, Maximilian II. und Rudolf II. als böhmische Könige, die böhmischen Stände und das Problem von Reformation und Gegenreformation in Böhmen, in: Studien zum Humanismus in den böhmischen Ländern 4. Dresden 1998, 17–55.
211. I. AUERBACH, Reformprojekte der böhmischen Stände während des Bruderzwistes im Hause Habsburg, in: H. WECZERKA (Hrsg.), Stände und Landesherrschaft in Ostmitteleuropa in der frühen Neuzeit. Marburg 1995, 137–157.
212. J. BAHLCKE, Aufbruch und Krise: Die Stände der böhmischen Kronländer unter der Herrschaft Rudolfs II., in: H.-B. HARDER (Hrsg.), Studien zum Humanismus in den böhmischen Ländern 4. Dresden 1998, 69–95.
213. W. BECKER, Ständestaat und Konfessionsbildung am Beispiel der böhmischen Konföderationsakte von 1619, in: D. ALBRECHT (Hrsg.), Politik und Konfession. Fschr. für Konrad Repgen zum 60. Geburtstag. Berlin 1983, 77–99.
214. K. BOSL, Böhmen als Paradeplatz ständischer Repräsentation vom 14. bis zum 17. Jahrhundert, in: DERS., Aktuelle Forschungsprobleme um die 1. Tschechoslowakische Republik. München und Wien 1969, 9–21.
215. K. J. DILLON, King and Estates in the Bohemian Lands 1526–1564. Brüssel 1976.
216. A. M. DRABEK, Die politische Haltung der böhmischen und mährischen Stände zum Herrscherabsolutismus des 17. und 18. Jahrhunderts. Von der traditionellen ständischen Rechtsposition zu frühkonstitutionellen Forderungen, in: Ständefreiheit und Staatsgestaltung in Ostmitteleuropa. Leipzig 1996, 265–282.
217. W. EBERHARD, Konfessionsbildung und Stände in Böhmen 1478–1530. München 1981.
218. W. EBERHARD, Monarchie und Widerstand: Zur ständischen Oppositionsbildung im Herrschaftssystem Ferdinands I. in Böhmen. München 1985.
219. W. EBERHARD, Stände, Herrscher und Religion in den böhmischen Ländern in der frühen Neuzeit, in: Stände und Landesherrschaft in Ostmitteleuropa in der frühen Neuzeit. Marburg 1995, 121–136.
220. E. HASSENPFLUG-ELZHOLZ, Böhmen und die böhmischen Stände zur Zeit des beginnenden Zentralismus. Eine Strukturanalyse der

böhmischen Adelsnation um die Mitte des 18. Jahrhunderts. München 1982.
221. K. JIRI, Die Entstehung des städtischen Standes im Hussitischen Böhmen, in: B. TÖPFER (Hrsg.), Städte und Ständestaat. Berlin 1980, 195–214.
222. J. PÁNEK, Das Ständewesen und die Gesellschaft in den Böhmischen Ländern in der Zeit vor der Schlacht am Weißen Berg (1526–1620), in: Historica 6 (Prag 1984), 163–219.
223. G. RHODE, Stände und Königtum in Polen/Litauen und Böhmen/Mähren. Bemerkungen zur Entwicklung ihres Verhältnisses vom 16. bis ins 18. Jahrhundert [1964], in: [110: Bd. 1, 467–506].
224. F. SEIBT, Land und Herrschaft in Böhmen, in: HZ 200 (1965), 284–315.
225. V. URFUS, Die Steuergewalt des böhmischen Landtags und der Absolutismus, in: XIIe Congrès international des sciences historiques Wien 1965. Löwen und Paris 1966, 179–188.
226. V. VANACEK, La Situation des Etats en Bohême entre 1620–1848 (I), in: Mélanges Antonio Marongiu, Palermo-Agrigento 1966. Brüssel und Palermo 1967, 247–285.
227. P. VOREL, Die Außenbeziehungen der böhmischen Stände um die Mitte des 16. Jahrhunderts und das Problem der Konfessionalisierung, in: Konfessionalisierung in Ostmitteleuropa. Wirkungen des religiösen Wandels im 16. und 17. Jahrhundert in Staat, Gesellschaft und Kultur. Stuttgart 1999, 169–178.
228. E. WERNER, Ständebildung und hussitische Reformation in Böhmen bis 1419, in: ZfG 35 (1987), 601–618.

4.6 Brandenburg
229. W. FRIEDENSBURG (Hrsg.), Kurmärkische Ständeakten aus der Regierungszeit Kurfürst Joachims II. 1535–1571. Bde. 1–2. München und Leipzig 1913–1916.
230. S. ISAACSOHN, Urkunden und Aktenstücke zur Geschichte des Kurfürsten Friedrich Wilhelm. Bd. 10: Ständische Verhandlungen der Mark Brandenburg. Berlin 1880.
231. K. NEITMANN (Hrsg.), Findbücher und Inventare des Brandenburgischen Landeshauptarchivs. Bd. 2. Kurmärkische Stände. Bearb. von M. Beck. Potsdam 1995.
232. P. BAUMGART, Erscheinungsformen des preußischen Absolutismus. Germering 1966.
233. P. BAUMGART (Hrsg.), Ständetum und Staatsbildung in Brandenburg-Preußen. Berlin 1983.

234. P. BAUMGART, Zur Geschichte der kurmärkischen Stände im 17. und 18. Jahrhundert, in: [45: 131–161].
235. E. BRACHT, Ständische Verhandlungen in der Kurmark unter Joachim Friedrich (1598–1608). Teil I: Bis zum allgemeinen Landtag von 1602. Hirschberg 1895.
236. E. CLAUSNITZER, Die märkischen Stände unter Johann Sigismund. Halle 1895.
237. H. CROON, Die kurmärkischen Landstände 1571–1616. Berlin 1938.
238. CH. FÜRBRINGER, Necessitas und Libertas. Staatsbildung und Landstände im 17. Jahrhundert in Brandenburg. Frankfurt am Main 1985.
239. P.-M. HAHN, Landesstaat und Ständetum im Kurfürstentum Brandenburg während des 16. und 17. Jahrhunderts, in: [233: 41–79].
240. H. HALLMANN, Die kurmärkischen Stände zur Zeit Joachims II. († 1571), in: Forschungen zur Brandenburgischen und Preußischen Geschichte 49 (1937), 22–38.
241. M. HASS, Die kurmärkischen Stände im letzten Drittel des 16. Jahrhunderts. München 1913.
242. H. HELBIG, Gesellschaft und Wirtschaft der Mark Brandenburg im Mittelalter. Berlin 1973.
243. B. LANDMESSER, Die Stände der Kurmark Brandenburg unter Joachim II. (1535–1571). Borna-Leipzig 1929.
244. W. SCHOTTE, Fürstentum und Stände in der Mark Brandenburg unter der Regierung Joachims I. († 1535). Leipzig 1911.
245. J. SCHULTZE, Landstandschaft und Vasallität in der Mark Brandenburg, in: BlldtLG 106 (1970), 68–75.
246. G. WINTER, Die märkischen Stände zur Zeit ihrer höchsten Blüthe 1540–1550. Eine archivalische Studie, in: Zs. für Preußische Geschichte und Landeskunde 19 (1882), 253–310; 20 (1883), 505–631.

Braunschweig siehe Welfische Territorien

Calenberg siehe Welfische Territorien

Eiderstedt siehe Schleswig-Holstein

4.7 Elsaß (siehe auch Vorderösterreich)
247. G. BISCHOFF, Gouvernés et gouvernants en Haute Alsace à l'époque autrichienne. Les états des pays antérieurs des origines au milieu du 16e siècle. Straßburg 1982.

248. F. W. MÜLLER, Die elsässischen Landstände. Straßburg 1907.
249. K. J. SEIDEL, Das Oberelsaß vor dem Übergang an Frankreich. Landesherrschaft, Landstände und fürstliche Verwaltung in Alt-Vorderösterreich (1602–1638). Bonn 1980.

Göttingen siehe Welfische Territorien

Grubenhagen siehe Welfische Territorien

Hannover siehe Welfische Fürstentümer

4.8 Hessen

250. H. GLAGAU (Hrsg.), Hessische Landtagsakten (1508–21). Marburg 1901.
251. G. HOLLENBERG (Hrsg.), Hessische Landtagsabschiede 1526–1603. Marburg 1994.
252. G. HOLLENBERG (Hrsg.), Hessen-Kasselische Landtagsabschiede 1649–1798. Marburg 1989.
253. PH. BOPP, Geschichte des ständischen Wesens im Großherzogtum Hessen von der Mitte des 13. Jahrhunderts bis zum Verfassungswerk am Schlusse des Jahres 1820. Darmstadt 1833.
254. K. E. DEMANDT, Die hessischen Landstände nach dem 30jährigen Krieg, in: [45: 162–182].
255. K. E. DEMANDT, Die hessischen Landstände im Zeitalter des Frühabsolutismus, in: Hessisches Jb. für Landesgeschichte 15 (1965), 38–108.
256. F. M. HERRMANN, Die Aufhebung der althessischen Landstände im Jahre 1806, in: Archiv f. Hessische Geschichte und Altertumskunde 28 (1963), 317–342.
257. G. HOLLENBERG, Landstände und Militär in Hessen-Kassel, in: Hessisches Jb. für Landesgeschichte 34 (1984), 100–127.
258. M. MENK, Absolutismus und Regierungsform in Waldeck: Der Zugriff Graf Georg Friedrichs und seines Kanzlers Johann Vietor auf Staat und Stände 1665–1676, in: Hessisches Jb. für Landesgeschichte 35 (1985), 69–135.
259. CH. REINHARDT, Prälaten im evangelischen Territorium. Die Universität Gießen als hessen-darmstädtischer Landstand, in: P. MORAW; V. PRESS (Hrsg.), Academia Gissensis. Beiträge zur älteren Gießener Universitätsgeschichte. Marburg 1982, 161–182.
260. B. RIEGER, Die hessisch-darmstädtischen Landstände und der Absolutismus. Diss. Gießen 1894.

261. H. SIEBECK, Die landständische Verfassung Hessens im 16. Jahrhundert. Kassel 1914.
262. L. ZIMMERMANN, Zur Entstehungsgeschichte der hessischen Landstände, in: Zs. des Vereins für hessische Geschichte 63 (1952), 66–82.

4.9 Hohenlohe

263. W. FISCHER, Das Fürstentum Hohenlohe im Zeitalter der Aufklärung. Tübingen 1958.

4.10 Hohenzollern-Hechingen und Hohenzollern-Sigmaringen

264. V. PRESS, Der hohenzollern-hechingische Landesvergleich. Reichsrecht und Untertanenvertretung im Zeichen der Französischen Revolution, in: Zs. für Hohenzollerische Geschichte 14 (1978), 77–108.
265. A. ZEKORN, Konsens und Dissens: Kooperation und Konflikte innerhalb und zwischen den Landschaften des Fürstentums Hohenzollern-Sigmaringen, in: [14:179–205].
266. M. ZÜRN, Herrschaft, Landschaft und Gemeinde im westlichen Oberschwaben, in: [14: 161–177].

4.11 Jülich-Berg und Kleve-Mark

267. G. v. BELOW (Hrsg.), Landtagsakten von Jülich-Berg 1400–1610. Bd. 1,1 [bis 1589]. Düsseldorf 1895.
268. H. GOLDSCHMIDT, Landtagsakten von Jülich-Berg, 1400–1610. Nachtrag zu I und II, in: Zs. des Bergischen Geschichtsvereins 46 (1913), 33–126.
269. F. KÜCH (Hrsg.), Landtagsakten von Jülich-Berg 1624–1653. Bd. 1: 1624–1630. Düsseldorf 1925.
270. E. BAUMGARTEN, Der Kampf des Pfalzgrafen Philipp Wilhelm mit den jülich-bergischen Ständen von 1669–1672, in: Beiträge zur Geschichte des Niederrheins 18 (1903), 30–103; 19 (1904), 1–63; 22, (1908/09), 101 f.
271. G. v. BELOW, Die landständische Verfassung in Jülich und Berg bis zum Jahr 1511. Bde. 1–3. Düsseldorf 1885–1891. Neudruck Aalen 1965.
272. H. CROON, Stände und Steuern in Jülich-Berg im 17. und vornehmlich im 18. Jahrhundert, in: Rheinisches Archiv 10 (1929), 1–258.
273. H. GOLDSCHMIDT, Die Landstände von Jülich-Berg und die lan-

desherrliche Gewalt 1609–1610, in: Zs. des Aachener Geschichtsvereins 34 (1912),175–226.
274. A. HOLENSTEIN, Formen politischen Handelns der kleve-märkischen Landstände 1640–1660, in: Parliaments, Estates and Representation 5 (1985), 59–70.
275. A. KAMIENSKI, Das Ringen der Stände von Kleve-Mark mit den absolutistischen Bestrebungen des Großen Kurfürsten, in: Forschungen zur brandenburgischen und preußischen Geschichte, NF 3 (1993) 2, 147–166.
276. J. KRUDEWIG, Der ‚Lange Landtag' zu Düsseldorf 1591. Düsseldorf 1902.
277. L. MÜLFARTH, Johann Wilhelm von Pfalz-Neuburg und die jülichbergischen Landstände 1679-1716. Diss. Köln 1964.
278. E. OPGENOORTH, Stände im Spannungsfeld zwischen Brandenburg-Preußen, Pfalz-Neuburg und den niederländischen Generalstaaten: Cleve-Mark und Jülich im Vergleich, in: [7: 243–263, 327–332].
279. R. SCHULZE, Die Landstände der Grafschaft Mark bis zum Jahre 1510. Heidelberg 1907.
280. U. TORNOW, Die Verwaltung der jülich-bergischen Landsteuern während der Regierungszeit des Pfalzgrafen Wolfgang Wilhelm (1609–1653). Bonn 1974.
281. R. WALZ, Stände und frühmoderner Staat. Die Landstände von Jülich-Berg im 16. und 17. Jahrhundert. Neustadt/Aisch 1982.
282. L. WOLLENHAUPT, Die Cleve-Märkischen Landstände im 18. Jahrhundert. Berlin 1924. Neudruck Vaduz 1965.

Kleve siehe Jülich

4.12 Kurpfalz und Oberpfalz

283. K.-O. AMBRONN, Landsassen und Landsassengüter des Fürstentums der Oberen Pfalz im 16. Jahrhundert. Im Überblick dargestellt nach den Landsassenregistern von 1518 bis 1599. München 1982.
284. E. GOTHEIN, Die Landstände der Kurpfalz, in: ZGO 42, NF 3 (1888), 1–76.
285. E. GOTHEIN, Die Landstände am Oberrhein, in: 25 Jahre der Badischen Historischen Kommission, Heidelberg 1909, 29–50.
286. K. KÖHLE, Landesherr und Landstände in der Oberpfalz von 1400–1583. München 1969.

287. F. MÜHLBAUER, Die Oberpfälzischen Landstände und ihr Einfluß auf das Steuerwesen, besonders das Umfeld, in: Archivalische Zs., NF 12 (1905), 1–78.
288. V. PRESS, Die Landschaft der Kurpfalz, in: [16: 62–71].

4.13 Limburg

289. H. KLUETING, Ständewesen und Ständevertretung in der westfälischen Grafschaft Limburg im 17. und 18. Jahrhundert, in: Beitr. zur Geschichte Dortmunds und der Grafschaft Mark 70 (1976), 108–201.

Lauenburg siehe Sachsen-Lauenburg

4.14 Lippe

290. F. W. BARGE, Die absolutistische Politik der Grafen Friedrich Adolf und Simon Heinrich Adolf (1697–1734) gegenüber den Ständen, in: Mitt. aus der lippischen Geschichte und Landeskunde 26 (1957), 79–128.
291. N. BULST, Landesherr und Stände in Lippe im 18. Jahrhundert. Zusammenarbeit und Konflikt, in: DERS. (Hrsg.), Die Grafschaft Lippe. Bielefeld 1993, 251–267.

4.15 Lothringen und Luxemburg

292. E. DELCAMBRE, Les Ducs et noblesse de Lorraine. 1. 2, in: Annales de l'est, sér. 5, 3 (1952), 39–60, 103–119.
293. E. DUVERNOY, Les Etats généraux des duchés de Lorraine et de Bar jusqu,à la majorité de Charles III (1559). Paris 1904.
294. E. DUVERNOY, Création d'un conseil de régence par René II en 1483, in: Revue Hist. Lorr. (1930), 139–142.
295. A. SPRUNCK, Les états de Luxembourg et le gouvernement de Bruxelles sous le règne de Marie-Therèse. Partie 1. 1744–1759, in: Annales de l'Institut archéologique du Luxembourg 89 (1958), 3–226.
296. R. TAVENAUX, Les Etats géneraux de Lorraine de l'année 1626, in: Annales de l'est, sér. 5, 2 (1951),15–36.

Lüneburg siehe Welfische Territorien
Mark siehe Jülich

4.16 Mecklenburg

297. J. H. SPALDING (Hrsg.), Mecklenburgische oeffentliche Landes-Verhandlungen aus oeffentlichen Landtags- und Landes-Convents-Protocollis gezogen. Bde. 1–4. Rostock 1792–1800.

298. H.-J. Ballschmieter, Andreas Gottlieb von Bernstorff und der Mecklenburgische Ständekampf (1680–1720). Köln 1962.
299. W. Behncke, Der Erbteilungsstreit der Herzöge Heinrich V. und Albrecht VII. von Mecklenburg 1518–1525 und die Entstehung der Union der mecklenburgischen Landstände von 1523, in: Fschr. für Hermann Reincke-Bloch zu seinem 60. Geburtstage. Breslau 1927, 60–158.
300. H. Cordshagen, Das Archiv der mecklenburgischen Landstände. Seine Bedeutung als Quelle für die Geschichte Mecklenburgs, in: [72: 53–57].
301. M. Hamann, Das staatliche Werden Mecklenburgs. Köln und Graz 1962.
302. U. Heck, Geschichte des Landtags in Mecklenburg. Ein Abriß. Rostock 1997.
303. U. Heck, Stände und frühe ständische Aktivitäten in Mecklenburg. Von der Mitte des 12. bis zur Mitte des 15. Jahrhunderts. Rostock 1999.
304. G. Heitz, Herzog, Stände und Bauern in Mecklenburg-Schwerin in den Jahren 1756–1785, in: Europäische Herrscher. Ihre Rolle bei der Gestaltung von Politik und Gesellschaft vom 16.–18. Jahrhundert. Weimar 1988, 262–274.
305. G. Heitz, Landständische Deputierte im Mecklenburgischen Landtag (1794–1819), in: H. Bräuer; E. Schlenkrich (Hrsg.), Die Stadt als Kommunikationsraum. Karl Czok zum 75. Geburtstag. Leipzig 2001, 373–392.
306. S. Jahns, „Mecklenburgisches Wesen" oder absolutistisches Regiment? Mecklenburgischer Ständekonflikt und neue kaiserliche Reichspolitik (1658–1755), in: P.-J. Heinig, u. a. (Hrsg.), Reich Regionen und Europa in Mittelalter und Neuzeit. Fschr. für Peter Moraw. Berlin 2000, 323–351.
307. H. Krause, System der landständischen Verfassung Mecklenburgs in der 2. Hälfte des 16. Jahrhunderts. Rostock 1927.
308. K. Krüger, Der Landes-Grund-Gesetzliche Erb-Vergleich von 1755. Mecklenburg zwischen Monarchie und Adelsrepublik, in: M. Busch; J. Hillmann (Hrsg.), Adel – Geistlichkeit – Militär. Fschr. für Eckardt Opitz zum 60. Geburtstag. Bochum 1999, 91–108.
309. W. Mediger, Mecklenburg, Rußland und England-Hannover 1706–1721. Ein Beitrag zur Geschichte des Nordischen Krieges. Hildesheim 1967.

310. H. SACHSSE, Die Landständische Verfassung Mecklenburgs. Rostock 1907.
311. J. SCHILDHAUER, Fürstenstaat – Stände – Stadt in Mecklenburg und Pommern an der Wende vom 15. zum 16. Jahrhundert, in: Jb. für Regionalgeschichte, 15 (1988), 52–62.
312. P. STEINMANN, Die Geschichte der mecklenburgischen Landstände bis zur Neuordnung des Jahres 1555, in: Jbb. des Vereins für mecklenburgische Geschichte 88 (1924), 1–58.
313. P. WICK, Versuche zur Entwicklung des Absolutismus in Mecklenburg in der ersten Hälfte des 18. Jahrhunderts. Ein Beitrag zur Geschichte des deutschen Territorialabsolutismus. Berlin 1964.

Nieder- und Oberlausitz siehe Sachsen

4.17 Österreich (siehe auch Böhmen und Schlesien)

4.17.1 Allgemein

314. O. BRUNNER, Land und Landstände in Österreich, in: Mitt. der Oberösterreichischen Landesarchive 5 (1957), 61–73.
315. G. R. BURKERT, Landesfürst und Stände. Karl V., Ferdinand I. und die österreichischen Erbländer im Ringen um Gesamtstaat und Landesinteressen. Graz 1987.
316. G. R. BURKERT, Rechtliches im Widerstreit zwischen Ferdinand I. und den Ständen der altösterreichischen Länder, in: G. KOCHER; G. D. HASIBA (Hrsg.), Fschr. Berthold Sutter. Graz 1983, 55–85.
317. G. R. BURKERT, The österreichische Erblande in the Time of the Glorious Revolution, in: Parliaments, Estates and Representation 12 (1992), 15–24.
318. A. DOPSCH, Die Ständemacht in Österreich zur Zeit Friedrichs des Schönen (1313), in: MIÖG 52 (1938), 257–267.
319. U. FLOSSMANN, Landrechte als Verfassung. Wien 1976.
320. K. GUTKAS, Die Stände Österreichs im 16. Jahrhundert, in: Renaissance in Österreich. Geschichte, Wissenschaft, Kunst. Wien 1974, 63–82.
321. K. GUTKAS, Landesfürst und Stände Österreichs um die Mitte des 15. Jahrhunderts, in: Mitt. der Oberösterreichischen Landesarchive 8 (1964), 233–243.
322. H. HASSINGER, Die Landstände der österreichischen Länder. Zusammensetzung, Organisation und Leistungen im 16. bis 18. Jahrhundert, in: Jb. f. Landeskunde v. Niederösterreich NF 36 (1964), 989–1035.

323. H. HASSINGER, Ständische Vertretungen in den althabsburgischen Ländern und in Salzburg, in: [45: 247-285].
324. G. KLINGENSTEIN, Skizze zur Geschichte der erbländischen Stände im aufgeklärten Absolutismus der Habsburger (1740-1790), in: [7: 373-380].
325. M. LEVY, Leopold II., Joseph von Aschauer, and the role of the estates in the Habsburg Monarchy, in: Mitt. des Österreichischen Staatsarchivs 38 (1986), 197-222.
326. M. MITTERAUER, Ständegliederungen und Ländertypen, in: Herrschaftsstruktur und Ständebildung. Beiträge zur Typologie der österreichischen Länder aus ihren mittelalterlichen Grundlagen, in: A. HOFFMANN; M. MITTERAUER (Hrsg.), Sozial- und wirtschaftshistorische Studien. München 1973, 115-203.
327. A. NOVOTNY, Ein Ringen um ständische Autonomie zur Zeit des erstarkenden Absolutismus 1519-1522, in: MIÖG 71 (1963), 354-369.
328. W. SCHULZE, Das Ständewesen in den Erblanden der Habsburger Monarchie bis 1740. Vom dualistischen Ständestaat zum organisch-föderativen Absolutismus, in: [7: 263-279].
329. H. STRADAL, Die Prälatenkurie der österreichischen Landstände, in: Standen en Landen 53 (1970), 117-180.
330. H. STRADAL, Stände und Steuern in Österreich, in: XIIe Congrès international des sciences historiques Wien 1965. Löwen und Paris 1966, 131-162.
331. H. STURMBERGER, Der absolutistische Staat und die Länder in Österreich, in: DERS., Land ob der Enns und Österreich. Aufsätze und Vorträge. Linz 1979, 273-310.
332. H. STURMBERGER, Dualistischer Ständestaat und werdender Absolutismus, in: Die Entwicklung der Verfassung Österreichs vom Mittelalter bis zur Gegenwart. Graz und Wien 1963. 2. Aufl. Wien 1970, 24-49.
333. F. R. TEZNER, Das ständisch-monarchische Staatsrecht und die österreichische Gesamt- und Länderstaatsidee, in: Zs. für privates und öffentliches Recht d. Gegenwart 42 (1916), 1-136.
334. M. WELTIN, Die Gedichte des sogenannten „Seifried Helbling" als Quelle für die Ständebildung in Österreich, in: Jb. für Landeskunde von Niederösterreich 50/51 (1984/85), 338-415.
335. H. WIESFLECKER, Die Entwicklung der landständischen Verfassung in den österreichischen Ländern von den Anfängen bis auf Maximilian I., in: Die Entwicklung der Verfassung Österreichs

vom Mittelalter bis zur Gegenwart. Graz und Wien 1963. 2. Aufl. Wien 1970, 9–23.
336. H. WOPFNER, Landeshoheit und landesherrliche Verwaltung in Brandenburg und Österreich, in: MIÖG 32 (1911), 561–575.

4.17.2 Generallandtage

337. H. I. BIDERMANN, Die österreichischen Länderkongresse, in: MIÖG 17 (1896), 264–292.
338. J. LOERTH; F. V. MENSI, Die Prager Ländertagungen von 1541/42. Verfassungs- und finanzgeschichtliche Studien zur österreichischen Gesamtidee, in: Archiv für österreichische Geschichte 103 (1913), 433–546.
339. M. MAYER, Der Generallandtag der österreichischen Erbländer zu Augsburg (Dezember 1525 bis März 1526), in: Zs. des Ferdinandeums für Tirol und Vorarlberg, 3. Folge 38 (1894), 1–54.
340. G. PUTSCHÖGL, Die Ausschußtage der österreichischen Länder. Zur Erinnerung an den Linzer Generalkonvent vor 350 Jahren [Juli/August 1614], in: ÖGL 8 (1964), 431–437.
341. J. STÜLZ, Der Ausschußtag der fünf niederösterreichischen Lande in Wien 1556, in: Archiv für österreichische Geschichte 8 (1852), 155–173.
342. J. ZEIBIG, Der Ausschußtag der gesamten österreichischen Erblande zu Innsbruck 1518, in: Archiv für österreichische Geschichte 13 (1854), 201–366.

4.17.3 Innerösterreich

343. F. O. ROTH, Wihitsch und Weitschawar. Zum Verantwortungsbewußtsein der adeligen Landstände Innerösterreichs in Gesinnung und Tat im türkischen „Friedensjahr" 1578, in: Zs. des Historischen Vereins der Steiermark 60 (1969), 199–275; 61 (1970), 151–214.
344. W. SCHULZE, Landesdefension und Staatsbildung. Studien zum Kriegswesen des innerösterreichischen Territorialstaates (1564–1619). Wien, Köln und Graz 1973.
345. S. VILFAN, Les Chartes de Liberté d'Etats provinciaux de Styrie, de Carinthie et de Carniole et leur importance practique, in: Album Elmer Malyusz. Brüssel 1976, 199–210.

4.17.4 Niederösterreich

346. M. WELTIN (Hrsg.), Die Urkunden des Archivs der niederösterreichischen Stände 8, in: Mitt. aus dem Niederösterreichischen Landesarchiv 10 (1987), 79–115.

347. S. ADLER, Das Gültbuch von Nieder- und Oberösterreich und seine Funktion in der ständischen Verfassung. Stuttgart 1898.
348. F. BALTZAREK, Beiträge zur Geschichte des vierten Standes in Niederösterreich, in: Mitt. des Österreichischen Staatsarchivs 23 (1971), 64–104.
349. V. BIBL, Die Restauration der Niederösterreichischen Landesverfassung unter Leopold II. Innsbruck 1902.
350. V. BIBL, Die niederösterreichischen Stände und die Französische Revolution, in: Jb. für Landeskunde Niederösterreichs NF 2 (1903), 77–97.
351. K. GUTKAS, Staat und Herrschaft in Niederösterreich im 16. und 17. Jahrhundert, in: Bericht über den 8. Österreichischen Historikertag. Wien 1965, 59–75.
352. J. LOSERT, Die Stände Mährens und die protestantischen Stände Österreichs ob und unter der Enns in der 2. Hälfte des Jahres 1608, in: Zs. des deutschen Vereins für die Geschichte Mährens und Schlesiens 4 (1900), 226–278.
353. G. NEUGEBAUER, Die niederösterreichischen Landtage von 1577 bis 1592. Diss. Wien 1980 (masch.).
354. A. NOVOTNY, Das Ringen um ständische Autonomie zur Zeit des erstarkenden Absolutismus (1519–22). Bemerkungen über Bedeutung und Untergang Dr. Martin Sibenbürgers, in: MIÖG 71 (1963), 349–369.
355. G. ORTNER, Die niederösterreichischen Landtage von 1635–1648. Diss. Wien 1975 (masch.).
356. S. PETRIN, Die Stände des Landes Niederösterreich. St. Pölten und Wien 1982.
357. A. F. PRIBRAM, Die niederösterreichischen Stände und die Krone in der Zeit Kaiser Leopolds I., in: MIÖG 14 (1893), 589–652.
358. K. PÜCHL, Die Erbhuldigungen der niederösterreichischen Stände im 17. und 18. Jahrhundert in Wien. Diss. Wien 1955 (masch.).
359. B. RAUPACH, Evangelisches Oesterreich, das ist, Historische Nachricht von den Schicksalen der Evangelischen Kirchen in dem Erz-Herzogthum Oesterreich unter u. ob der Enns ... Bde. 1–4. Hamburg 1732–1740.
360. G. REINGRABNER, Ständische Libertät und kirchliche Ordnung. 1. Die niederösterreichischen Stände als Träger evangelischen Kirchenwesens. 2. Die Bemühungen der Stände um die Bewahrung des evangelischen Kirchenwesens, in: ÖGL 14,7 (1970), 342–353; 14,9 (1970), 457–468.

361. E. G. SCHIMKA, Die Zusammensetzung des niederösterreichischen Herrenstandes von 1520–1620. Diss. Wien 1967 (masch.).
362. M. VANCSA, Die ältesten Steuerbekenntnisse der Stände in Österreich unter der Enns. Ein Beitrag zur Steuergeschichte und zur Kunde der Geschichtsquellen Österreichs. Wien 1901.
363. K. VÖLKER, Die Stände Augsburgischen Bekenntnisses auf den niederösterreichischen Landtagen, in: Jb. der Ges. für die Geschichte des Protestantismus in Österreich 58 (1937), 5–16.
364. E. ZERNATTO, Die Zusammensetzung des Herrenstandes in Österreich ob und unter der Enns von 1406 bis 1519. Diss. Wien 1966 (masch.).

4.17.5 Oberösterreich

365. S. ADLER, Das Gültbuch von Nieder- und Oberösterreich und seine Funktion in der ständischen Verfassung. Stuttgart 1898.
366. K. AUER, Die Herrenstandsgeschlechter des Landes ob der Enns in der neueren Zeit. Bde. 1–3. Diss. Wien 1937 (masch.).
367. K. EDER, Studien zur Reformationsgeschichte Oberösterreichs, Bd. II.: Glaubensspaltung und Landstände in Österreich ob der Enns, 1525–1602. Linz 1936.
368. K. EDER, Die Stände des Landes ob der Enns 1519–1525, in: Heimatgaue 6 (1925), 1–38, 83–113.
369. P. FELDBAUER, Der Herrenstand in Oberösterreich: Ursprünge, Anfänge, Frühformen. München 1972.
370. A. HOFFMANN, Die oberösterreichischen Landstände und Landtage in alter Zeit, in: Verfassung und Verwaltung des Landes Oberösterreich vom Mittelalter bis zur Gegenwart. Linz 1973, 5–34.
371. C. OBERLEITNER, Die evangelischen Stände im Lande ob der Enns unter Maximilian II. und Rudolph II. (1564–1597). Nach handschriftlichen Quellen. Wien 1862.
372. G. OTRUBA, Die Erbhuldigungen der oberösterreichischen Stände 1732–1741–1743. Eine Studie zur Geschichte des Treueverhaltens von Klerus, Adel und Bürgertum gegenüber Karl VI., Karl Albert und Maria Theresia, in: Mitt. des Oberösterreichischen Landesarchivs 16 (1990), 135–301.
373. G. PUTSCHÖGL, Die landständische Behördenorganisation in Österreich ob der Enns vom Anfang des 16. bis zur Mitte des 18. Jahrhunderts. Linz 1978.
374. E. STRASSMAYR, Die Ämter-Organisation der Stände im Lande ob der Enns, in: Mitt. des Oberösterreichischen Landesarchivs 1 (1950), 239–274.

375. CHR. THOMAS, Karl V. als Landesherr des Fürstentums ob der Enns. Die kaiserliche Instruktion für den obderennsischen Landtag im März 1521, in: Mitt. des Oberösterreichischen Landesarchivs 15 (1986), 5–53.
376. G. TRAPPMAIER, Die Maria-Theresianische Staatsreform von 1748/49 und die oberösterreichischen Landstände. Diss. Wien 1966 (masch.).
377. G. WINNER, „Adeliger Stand und bürgerliche Hantierung". Die sieben landesfürstlichen Städte und die ständischen Gegensätze in Oberösterreich während des 16. Jahrhunderts, in: Historisches Jb. der Stadt Linz 1959, 57–92.
378. E. ZERNATTO, Die Zusammensetzung des Herrenstandes in Österreich ob und unter der Enns von 1406–1519. Diss. Wien 1966 (masch.).

4.17.6 Steiermark siehe auch Innerösterreich

379. B. SEUFFERT; G. KOGLER (Hrsg.), Die ältesten Steirischen Landtagsakten 1396–1519. Teil 1: 1396–1452; Teil 2: 1452–1493. Graz und Wien 1953–1958.
380. I. IWOLF, Der ständische Landtag des Herzogtums Steiermark unter Maria Theresia und ihren Söhnen, in: Archiv für österreichische Geschichte 104 (1915), 121–196.
381. F. v. KRONES, Die landesfürstlichen und landschaftlichen Patente der Herrscherzeit Maximilians I. und Ferdinands I. (1493–1564) mit besonderer Rücksicht auf die Steiermark als Quelle der inneren Geschichte, in: Beitr. zur Kunde steiermärkischer Geschichtsquellen 18 (1882), 117–146; 19 (1883), 3–73.
382. F. v. KRONES, Landesfürst, Behörden und Stände des Herzogtums Steier 1283–1411. Graz 1900.
383. F. v. KRONES, Materialien zur Geschichte des Landtagswesens der Steiermark in Regesten und Auszügen. Die Zeit Ferdinands I. (1522–1564), in: Beitr. zur Kunde steiermärkischer Geschichtsquellen 16 (1879), 25–50.
384. J. LOSERTH, Die Beziehungen der steiermärkischen Landschaft zu den Universitäten Wittenberg, Rostock, Heidelberg, Tübingen, Straßenburg u. a. in der 2. Hälfte des 16. Jahrhunderts. Graz 1898.
385. A. LUSCHIN V. EBENGREUTH, Die steirischen Landhandfesten. Ein kritischer Beitrag zur Geschichte des ständischen Lebens in Steiermark, in: Beitr. zur Kunde steiermärkischer Geschichtsquellen 9 (1872), 119–207.

386. F. M. MAYER, Der Brucker Landtag des Jahres 1572, in: Archiv für österreichische Geschichte 73 (1888), 467–508.
387. A. MELL, Zur Vorgeschichte der steierischen Landhandfeste Kaiser Rudolphs II. vom 7. Jänner 1593, in: Archiv für österreichische Geschichte, Erg. Bd. 11 (1929), 507–525.
388. K. v. MOLTKE, Sigmund von Dietrichstein. Die Anfänge ständischer Institutionen und das Eindringen des Protestantismus in die Steiermark zur Zeit Maximilians I. und Ferdinands I. Göttingen 1970.
389. H. PIRCHEGGER, Landesfürst und Adel in der Steiermark während des Mittelalters. Graz 1951.
390. F. POSCH, Die Steirische Landtafel, in: Mitt. des Steiermärkischen Landesarchivs 3 (1953), 28–45.
391. G. SCHOLZ, Ständefreiheit und Gotteswort. Studien zum Anteil der Landstände an Glaubensspaltung und Konfessionsbildung in Innerösterreich (1517–1567). Frankfurt am Main 1994.
392. W. SCHULZE, Zur politischen Theorie des steirischen Ständetums der Gegenreformationszeit, in: Zs. des Historischen Vereins der Steiermark 62 (1971), 33–48.
393. W. SITTIG, Landstände und Landesfürstentum. Eine Krisenzeit als Anstoß für die Entwicklung der steirischen landständischen Verwaltung. Graz 1982.
394. B. SUTTER, Landesfürst und Stände in der Krise von 1519 bis 1523. Ein Forschungsbericht als Diskussionsbeitrag, in: Zs. des Historischen Vereins für Steiermark 80 (1989), 305–332.
395. A. ZIEGERHOFER, Ferdinand I. und die steirischen Stände. Dargestellt anhand der Landtage von 1542 bis 1556. Graz 1996.

4.17.7 Tirol

396. H. BACHMANN, Die Entwicklung der Landstände in Tirol, in: ÖGL 7 (1963), 289–303.
397. N. GRASS, Aus der Geschichte der Landstände Tirols, in: Album Helen Maud Cam. Bd. 2. Löwen und Paris 1961, 297–323.
398. F. HIRN, Geschichte der Tiroler Landtage von 1518 bis 1525. Ein Beitrag zur sozialpolitischen Bewegung des 16. Jahrhunderts. Freiburg 1905.
399. A. JÄGER, Geschichte der landständischen Verfassung Tirols. Bde. 1–2. Innsbruck 1881–1885.
400. W. KÖFLER, Land, Landschaft, Landtag: Geschichte der Tiroler Landtage von den Anfängen bis zur Aufhebung der landständischen Verfassung 1808. Innsbruck 1985.

401. F. KOGLER; F. GRASS, Der Kampf der Stände Tirols um die Glaubenseinheit des Landes, in: Album Helen Maud Cam. Bd. 2. Löwen und Paris 1961, 325–345.
402. T. V. SARTORI-MONTECROCE, Geschichte des landschaftlichen Steuerwesens in Tirol von Kaiser Maximilian I. bis Maria Theresia. Innsbruck 1902.
403. U. SCHAAF, Die Tätigkeit und der Einfluß der Tiroler Landstände in der Regierungszeit Kaiser Karls VI. 1714–1740. Diss. Innsbruck 1953 (masch.).
404. H. STEINACKER, Staatswerdung und politische Willensbildung im Alpenraum und die Mittelstellung Tirols zwischen westlichen und östlichen Alpenlanden, in: Schlern-Schriften 52. Fschr. für Hermann Wopfner. Bd. 1. Innsbruck 1947, 271–316.
405. O. STOLZ, Die Landschaft der Bauern in Tirol, in: Historische Vierteljahrschrift 28 (1933), 699–736; 29 (1934), 109–144.
406. H. WOPFNER, Der Innsbrucker Landtag vom 12. Juni bis zum 21. Juli 1525, in: Zs. des Ferdinandeums 44 (1900), 85–151.
407. A. WRETSCHKO, Die Frage der Landstandschaft der Universität Innsbruck, in: ZRGüGA 41 (1920), 40–74.

4.17.8 Kärnten

408. E. ANTONITSCH, Die Kärntner Landstände und der 13jährige Türkenkrieg 1593–1606, in: Carinthia I 167 (1977), 85–116.
409. K. DINKLAGE, Die Anfänge der Kärntner Landesverwaltung. Der Aufbau von Kanzlei, Buchhaltung, Registratur und Archiv der Landstände bis zur Adelsemigration von 1629, in: Carinthia I 173 (1983), 239–287.
410. A. OGRIS, Kärntner Landtag, Landhaus und Vierbergelauf im 16. Jahrhundert, in: Carinthia I 177 (1987) 253–272.
411. M. WUTTE, Die Wappen in den Wappensälen des Landhauses zu Klagenfurt und in den Wappenbüchern des Kärntner Landesarchivs, in: Carinthia I 127 (1937), 109–146.

4.17.9 Vorderösterreich

412. J. BADER, Der Neuenburger Landtag von 1469, in: ZGO 12 (1861), 465–485.
413. J. BADER, Die ehemaligen breisgauischen Stände, dargestellt nach ihrem Ursprunge, ihrer Verfassung, ihren Leistungen und Schicksalen. Karlsruhe 1846.
414. L. DEIMLING, Die Organisation der landständischen Verfassung des Breisgaus nach dem 30jährigen Krieg 1648–1679. Leipzig 1927.

415. H. DEMELIUS, Die breisgauische Landtafel, in: ZRG GA 74 (1957), 261–266.
416. A. GRAF V. KAGENECK, Das Ende der vorderösterreichischen Herrschaft im Breisgau. Der Breisgau von 1740 bis 1815. Freiburg 1981.
417. F. QUARTHAL, Die habsburgischen Stände in Südwestdeutschland, in: [16: 79–92].
418. J. P. SCHULER, Reichssteuer und Landstände. Zum Problem des Steuerbewilligungsrechts der vorderösterreichischen Landstände, in: Zs. des Breisgau-Geschichtsvereins (Schau-ins-Land) 97 (1978), 39–60.
419. H. SCHWARZWEBER, Die Landstände Vorderösterreichs im 15. Jahrhundert. Forschungen und Mitt. zur Geschichte Tirols und Vorarlbergs 5 (1908), 145–157, 202–302.
420. K. J. SEIDEL, Das Oberelsaß vor dem Übergang an Frankreich. Landesherrschaft, Landstände und geistliche Verwaltung in Alt-Vorderösterreich (1602–1638). Bonn 1980.
421. D. SPECK, Die vorderösterreichischen Landstände. Entstehung, Entwicklung und Ausbildung bis 1592/1602. Freiburg und Würzburg 1994.
422. K. v. WOGAU, Die landständische Verfassung des vorderösterreichischen Breisgaus 1679–1752. Diss. Freiburg 1973.

4.17.10 Schwäbisch-Österreich

423. P. BLICKLE, Strukturproblem der Landtage in Schwäbisch-Österreich, in: ZWLG 33 (1974), 258–271.
424. F. QUARTHAL, Bürger und Bauern als Träger politischen Lebens im habsburgischen Schwaben, in: [14: 59–79].
425. F. QUARTHAL, Landstände und landständisches Steuerwesen in Schwäbisch-Österreich. Stuttgart 1980.
426. N. SAPPER, Die schwäbisch-österreichischen Landstände und Landtage im 16. Jahrhundert. Stuttgart 1965.
427. E. SCHREMMER, Die Steuerverfassung der vormals schwäbisch-österreichischen Landstände vom Jahr 1767, in: ZWLG 25 (1966), 377–393.

4.17.11 Vorarlberg

428. A. BRUNNER, Die Vorarlberger Landstände von ihren Anfängen bis zum Beginn des 18. Jahrhunderts. Innsbruck 1929.
429. Landstände und Landtage in Vorarlberg. Geschichtlicher Rückblick aus Anlaß der Wiedereinrichtung einer Volksvertretung vor hundert Jahren 1861–1961. Bregenz 1961.

430. A. Niederstätter, Bürger und Bauern – die Vorarlberger Stände. Entstehungsbedingungen und Wirkungsmöglichkeiten, in: [14: 119–131].
431. A. Niederstätter, Die Stände der Herrschaften vor dem Arlberg, ihre Entstehungsbedingungen und Wirkungsmöglichkeiten, in: Innsbrucker historische Studien 14/15 (1994), 33–50.
432. A. Schneider, Erinnerungen an den Ausklang des alten Ständewesens in Vorarlberg, in: Montfort 9 (1957), 216–229.

4.18 Ostfriesland

433. H. Wiemann (Hrsg.), Die Grundlagen der Landständischen Verfassung Ostfrieslands. Die Verträge von 1595 bis 1611. Aurich 1974.
434. E. Eimers, Das Ständewesen in Ostfriesland, in: [7: 409–423].
435. G. Engelberg, Ständerecht und Verfassungsstaat, dargestellt am Beispiel der Auseinandersetzung um Rechte der landschaftlichen Repräsentation Ostfrieslands mit dem Königreich Hannover. Berlin 1979.
436. C. Hinrichs, Die ostfriesischen Landstände und der preußische Staat 1744–1756. 1. Teil. 1744–1748, in: Jb. der Ges. für bildende Kunst und vaterländische Altertümer zu Emden 22 (1927), 1–268.
437. M. Hughes, The East Frisians: the survival of Powerful Provincial Estates in North West Germany in the 18th Century, in: Album François Dumont. Brüssel 1977, 123–152.
438. B. Kappelhoff, Absolutistisches Regiment oder Ständeherrschaft? Landherr und Landstände in Ostfriesland im 1. Drittel des 18. Jahrhunderts. Hildesheim 1982.
439. B. Kappelhoff, Die ostfriesischen Landstände im Übergang vom Ancien Régime zur konstitutionellen Verfassung des 19. Jahrhunderts, in: Jb. der Ges. für bildende Kunst und vaterländische Altertümer zu Emden 61 (1981), 115–174.
440. H. Wiemann, Das Reich, die Niederlande, der Graf und die Stände Ostfrieslands 1595–1603, in: Niedersächsisches Jb. für Landesgeschichte 39 (1967), 115–149.
441. H. Wiemann, Die Bauern in der ostfriesischen Landschaft im 16. bis 18. Jahrhundert, in: G. Franz (Hrsg.), Bauernschaft und Bauernstand 1500–1970. Limburg/Lahn 1975, 153–164.
442. H. Wiemann, Probleme der Ständegeschichte in Ostfriesland, in: Jb. d. Ges. f. bildende Kunst und vaterländische Altertümer zu Emden 48 (1968), 66–108.

443. H. WIEMANN, Materialien zur Geschichte der ostfriesischen Landschaft. Aurich 1982.

4.19 Pfalz-Neuburg

444. M. CRAMER-FÜRTIG, Landesherr und Landstände im Fürstentum Pfalz-Neuburg. Staatsbildung und Ständeorganisation in der ersten Hälfte des 16. Jahrhunderts. München 1995.
445. H. A. EIKAM, Landstandschaft und Landschaftskommissariat im Fürstentum Pfalz-Neuburg. Ein Beitrag zu den Rechtsformen und Institutionen des neuzeitlichen Ständewesens. Diss. Mainz 1978.
446. W. HAUSER, Pfalzgraf Wolfgang Wilhelm und der pfalzneuburgische Landtag von 1615/16, in: Neuburger Kollektaneen-Blatt 133 (1980), 233–249.
447. F. J. LIPOWSKY, Geschichte der Landstände von Pfalz-Neuburg. Mit 22 Urkunden. München 1827.
448. R. H. SEITZ, Staats- und Klostergutsverkäufe zur Tilgung der pfalz-neuburgischen Landesschulden in den Jahren 1544–1557, in: Neuburger Kollektaneen-Blatt 133 (1980), 61–79.

4.20 Pommern

449. W. BUCHHOLZ (Hrsg.), Pommersche Landtagsakten. Bd. 1: Von den Anfängen bis zum Erbteilungsvertrag 1541. 1. Teilband: 1521–1535. Köln, Weimar und Wien 2000.
450. P.-E. BACK, Herzog und Landschaft. Politische Ideen und Verfassungsprogramme in Schwedisch-Pommern um die Mitte des 17. Jahrhunderts. Lund 1955.
451. P.-E. BACK, Die Stände in Schwedisch-Pommern im späten 17. und 18. Jahrhundert, in: [45: 120–130].
452. W. BUCHHOLZ, Öffentliche Finanzen und Finanzverwaltung im entwickelten frühmodernen Staat. Landesherr und Landstände in Schwedisch-Pommern 1720–1806. Köln 1992.
453. O. EGGERT, Stände und Staat in Pommern im Anfang des 19. Jahrhunderts. Köln 1964.
454. F. GLASER, Die Stände Neuvorpommerns 1800–1826, in: Pommersches Jb. 25 (1929), 107–125.
455. K. GRAEBERT, Der Landtag zu Treptow an der Rega, Lucie [13. Dezember] 1534. Ein Beitrag zur Kirchenreformation im Herzogtum Pommern. Berlin 1900.
456. G. HEINRICH, Ständische Korporationen und absolutistische Landesherrschaft in Preußisch-Hinterpommern und Schwedisch-Vorpommern (1637–1816), in: [7: 155–169].

457. M. v. STOJENTIN, Die Erbhuldigung der hinterpommerschen Stände bei der Thronbesteigung Herzog Bogislaws (von Pommern-Stettin) im Jahre 1605, in: Baltische Studien NF 5 (1901), 29–97.
458. Z. SZULTKA, Stände zwischen Brandenburg-Preußen und polnischer Adelsrepublik 1657/58–1772/73. Zur Tätigkeit des Sejmiks im lauenburgisch-bütowschen Lehen, in: I. BUCHSTEINER u. a. (Hrsg.), Mecklenburg und seine ostelbischen Nachbarn. Historisch-geographische und soziale Strukturen im regionalen Vergleich. Schwerin 1997, 172–189.
459. B. WACHOWIAK, Stände und Landesherrschaft in Pommern in der frühen Neuzeit, in: H. WECZERKA (Hrsg.), Stände und Landesherrschaft in Ostmitteleuropa in der frühen Neuzeit. Marburg 1995, 49–62.
460. B. ZIENTARA, Rola miast w walce stanów Pomorza Zachodniego z wladza ksiazeca na przelomie XIII i XIV wieku, in: Zapiski historyczne 27 (1962), 489–521.

4.21 Preußen (Königliches und Herzogtum), Baltische Länder

461. Akten und Rezesse der livländischen Ständetage. Bd. 1: 1304–1459. Riga 1907–1933. Bd 2: 1460–1494. 1. Lieferung: 1460–1467. 2. Lieferung: 1467–1472. Riga 1934–1938. Bd. 3: 1494–1535. Riga 1910.
462. H. v. EISTER, Auszüge aus Livländischen Landtagsverhandlungen, Convents-Recessen und anderen Actenstücken für den Zeitraum vom Jahre 1562 bis zum Jahre 1710, in: Mittheilungen aus dem Gebiete der Geschichte Liv-, Ehst- und Kurlands. Bd. 2. Riga 1842.
463. K. BREYSIG (Hrsg.), Ständische Verhandlungen 3. Bd. [Kurfürst Friedrich von Brandenburg]. Berlin 1894.
464. B. ERDMANNSDÖRFFER (Hrsg.), Urkunden und Aktenstücke zur Geschichte des Kurfürsten Friedrich Wilhelm. Bde. 1–2: Politische Verhandlungen. Berlin 1864.
465. F. THUNERT (Hrsg.), Akten der Ständetage Preußens, königlichen Anteils – Westpreußen 1466–1479. Danzig 1896. Neudruck Aalen 1979.
466. M. TÖPPEN (Hrsg.), Akten der Ständetage Preußens unter der Herrschaft des Deutschen Ordens 1233–1525. 5 Bde. Leipzig 1878–1886. Neudruck Aalen 1973–1974.
467. U. ARNOLD, Ständeherrschaft und Ständekonflikte im Herzogtum Preußen, in: [7: 80–108].

468. R. BERGMANN, Geschichte der ostpreußischen Stände und Steuern von 1688–1704. Leipzig 1901.
469. G. BIRTSCH, Der preußische Hochabsolutismus und die Stände, in: [7: 389–409].
470. H. BITZER, Die Politik der Westpreußischen Stände 1604–1618. Diss. Freiburg 1949 (masch.).
471. M. BOTZENHART, Verfassungsproblematik und Ständepolitik in der preußischen Reformationszeit, in: [7: 431–456].
472. L. DRALLE, Der Staat des Deutschen Ordens in Preußen nach dem 2. Thorner Frieden. Untersuchungen zur ökonomischen und ständepolitischen Geschichte Altpreußens zwischen 1466 und 1497 Wiesbaden 1975.
473. H. FREIWALD, Markgraf Albrecht von Ansbach-Kulmbach und seine landständische Politik als Deutschordens-Hochmeister und Herzog in Preußen während der Entscheidungsjahre 1521–1528. Kulmbach 1961.
474. K. GÓRSKI, La Ligue des Etats et les origines du Régime représentatif en Prusse, in: Album Helen Maud Cam. Bd. 1. Löwen und Paris 1960, 173–186.
475. ST. HARTMANN, Die ostpreußischen Stände beim Regierungsantritt Friedrichs des Großen (1740), in: H. WECZERKA (Hrsg.), Stände und Landesherrschaft in Ostmitteleuropa in der frühen Neuzeit. Marburg 1995, 75–93.
476. M. HELLMANN, Die Verfassungsgrundlagen Livlands und Preußens im Mittelalter. Ein Beitrag zur vergleichenden Verfassungsgeschichte, in: Ostdeutsche Wissenschaft 3/4 (1956–1957), 78–107.
477. I. JANOSZ-BISKUPOWA, Das Ständearchiv von Königlich Preußen. Archivum Terrarum Prussiae (XV.-XVIII. Jahrhundert). Theoretischer Versuch einer Wiederherstellung seiner Bestände, in: XIIIe- Congrès International des Sciences Historiques. Warschau und Moskau 1970, 149–157.
478. M. KAISER, „Optimo Regi Fides Borussorum". Die Landstände der preußischen Territorien und die Königserhebung Friedrichs III. (I.), in: Dreihundert Jahre Preußische Königskrönung. Forschungen zur Brandenburgischen und Preußischen Geschichte N. F. Beiheft 6 (2002), 73–113.
479. E. K. B. KLEINERTZ, Die Politik der Landstände im Herzogtum Preußen 1562–1568. Diss Bonn 1971.
480. G. KÜNTZEL, Über Ständetum und Fürstentum, vornehmlich Preußens, im 17. Jahrhundert, in: Beiträge zur brandenburgischen und

preußischen Geschichte. Fschr. Gustav Schmoller zum 70. Geburtstag, Leipzig 1908, 101–152.
481. J. MAŁŁEK, Preußen und Polen. Politik, Stände, Kirche und Kultur vom 16. bis zum 18. Jahrhundert. Stuttgart 1992.
482. J. MAŁŁEK, From the Rebellion of the Prussian League to the Autonomy of Royal Prussia: The Estates of Prussia and Poland in the Years 1454–1526, in: Parliaments, Estates and Representation 14 (1994), 19–29.
483. J. MAŁŁEK, Die Stände des königlichen Preußen und die Republik Polen in den Jahren 1526 bis 1660, in: [7: 108–129].
484. J. MAŁŁEK, Das politische Dreieck. Die Stände des Herzogtums Preußen, die Herrscher Preußens, das Polen des 16. und 17. Jahrhunderts, die Politik der Stadt Königsberg gegenüber Polen in den Jahren 1525–1701, in: H. WECZERKA (Hrsg.), Stände und Landesherrschaft in Ostmitteleuropa in der frühen Neuzeit. Marburg 1995, 63–73.
485. K. NEITMANN, Die preußischen Stände und die Außenpolitik des Deutschen Ordens vom 1. Thorner Frieden bis zum Abfall des Preußischen Bundes (1411–1454). Formen und Wege ständischer Einflußnahme, in: Ordensherrschaft, Stände und Stadtpolitik. Zur Entwicklung des Preußenlandes im 14. und 15. Jahrhundert. Lüneburg 1985, 27–79.
486. W. NEUGEBAUER, Politischer Wandel im Osten. Ost- und Westpreußen von den alten Ständen zum Konstitutionalismus. Stuttgart 1992.
487. W. NEUGEBAUER, Zwischen Preußen und Rußland. Rußland, Ostpreußen und die Stände im Siebenjährigen Krieg, in: E. HELLMUTH u. a. (Hrsg.), Zeitenwende? Preußen um 1800. Stuttgart-Bad Cannstatt 1999, 43–76.
488. W. NEUGEBAUER, Das Problem von Reform und Modernisierung auf dem ostpreußischen Landtag des Jahres 1798, in: Zs. für neuere Rechtsgeschichte 19, 3/4 (1997), 177–192.
489. N. OMMLER, Die Landstände im Herzogtum Preußen 1542–1561. Diss. Bonn 1967.
490. J. PETERSOHN, Bischofsamt und Konsistorialverfassung in Preußen im Ringen zwischen Herzog und Landschaft im letzten Viertel des 16. Jahrhunderts, in: ARG 52 (1961), 188–204.
491. J. PETERSOHN, Fürstenmacht und Ständetum in Preußen während der Regierung Herzog Georg Friedrichs 1578–1603. Würzburg 1963.

492. CH.-A. SCHIERLING, Der westpreußische Ständestaat 1570–1586. Marburg 1966.
493. G. SCHWARZ, Der ostpreußische Landtag vom Jahre 1540 (5. Oktober bis 16. November). Diss. Königsberg 1924.
494. R. SEEBERG-ELVERFELDT, Die preußischen Stände und Polen unter Kurfürst Georg Wilhelm, in: Altpreußische Forschungen 13 (1936), 46–101.
495. K. VETTER, Die Stände im absolutistischen Preußen. Ein Beitrag zur Absolutismusdiskussion, in: ZfG 24 (1976), 1290–1306.
496. A. WERMINGHOFF, Der Deutsche Orden und die Stände in Preußen bis zum 2. Thorner Frieden im Jahre 1466. München und Leipzig 1912.
497. E. M. WERMTER, Das königliche Preußen 1454–1569 mit dem Hochstift Ermland und den drei großen Städten Danzig, Elbing und Thorn, in: [7: 129–155].
498. H. WISCHHÖFER, Die ostpreußischen Stände im letzen Jahrzehnt vor dem Regierungsantritt des Großen Kurfürsten. Göttingen 1958.

4.22 Rheda

499. H. KLUETING, Die Landstände Rheda, in: WestfF 27 (1975), 67–84.
500. H. KLUETING, Ständebildung ohne Ritterschaft: Die Klöster Marienfeld, Charholz und Herzebrock als Landstände der Herrschaft Rheda, in: J. MEIER (Hrsg.), Charholtensis ecclesia. Forschungen zur Geschichte der Prämonstratenser in Charholz und Lette 1133–1803. Paderborn 1983, 235–256.

4.23 Sachsen und Thüringen

4.23.1 Sachsen

501. W. GOERLITZ (Hrsg.), Sächsische Landtagsakten Bd. 1: Staat und Stände unter den Herzögen Albrecht und Georg 1485–1539. Leipzig 1928.
502. R. GROSS, Überlegungen zu einer Edition der Landtagsakten in Sachsen: Geschichte, Notwendigkeit und Aufgaben, in: H. ZWAR u. a. (Hrsg.), Leipzig, Mitteldeutschland und Europa. Festgabe für Manfred Straube und Manfred Unger zum 70. Geburtstag. Beucha 2000, 387–394.
503. K. BLASCHKE, 700 Jahre politische Mitbestimmung in Sachsen. Dresden 1994.

504. A. Denk; J. Matzerath, Die drei Dresdner Parlamente. Die sächsischen Landtage und ihre Bauten. Indikatoren für die Entwicklung von der ständischen zur pluralisierten Gesellschaft. Wolfratshausen 2000.
505. J. Falke, Die landständischen Verhandlungen unter dem Herzog Heinrich von Sachsen 1539–1541, in: Archiv für die Sächsische Geschichte 10 (1872), 39–76.
506. J. Falke, Zur Geschichte der sächsischen Landstände. Die Regierungszeit des Herzogs Moritz 1541–1546. Die Regierungszeit des Kurfürsten Moritz 1547–1554, in: Mitt. des Königlich Sächsischen Altertumsvereins 21 (1871), 58–115; 22 (1872), 77–132.
507. J. Falke, Zur Geschichte der sächsischen Landstände. Die Regierungszeit des Kurfürsten August 1553–1561, 1565–1582, in: Mitt. des Königlich Sächsischen Altertumsvereins 23 (1873), 59–113; 24 (1874), 86–134.
508. J. Falke, Die Steuerverhandlungen des Kurfürsten Johann Georgs I. mit den Landständen während des Dreißigjährigen Krieges, in: Archiv für die Sächsische Geschichte NF 1 (1875), 268–348.
509. J. Falke, Die Steuerverhandlungen des Kurfürsten Johann Georgs II. mit den Landständen 1656–1660, in: Mitt. des Königlich Sächsischen Altertumsvereins 25 (1875), 79–129.
510. H. Helbig, Der wettinische Ständestaat. Untersuchungen zur Geschichte des Ständewesens und der landständischen Verfassung in Mitteldeutschland bis 1485. Köln 1955.
511. A. Helbig; R. Gross, Der sächsische Landtag. Geschichte und Gegenwart. Dresden 1990.
512. S. Hoyer, Die sächsischen Stände unter Christian I., in: M. Schaab (Hrsg.), Um die Vormacht im Reich. Christian I., sächsischer Kurfürst 1586–1591. Dresden 1992, 14–21.
513. S. Hoyer, Stände und calvinistische Landespolitik unter Christian I. (1586–1591) in Kursachsen, in: M. Schaab (Hrsg.) Territorialstaat und Calvinismus. Stuttgart 1993, 137–148.
514. O. Hüttig, Der kursächsische Landtag von 1766. Diss. Leipzig 1902.
515. F. Kaphahn, Kurfürst und Kursächsische Stände im 17. und beginnenden 18. Jahrhundert, in: Neues Archiv für Sächsische Geschichte und Altertumskunde 43 (1922), 62–79.
516. J. Matzerath, Aspekte sächsischer Landtagsgeschichte. Dresden 1998.
517. J. Matzerath, Aspekte sächsischer Landtagsgeschichte. Umbrüche und Kontinuitäten 1815 bis 1868. Dresden 2000.

518. R. NAUMANN, Die politische Bedeutung der ersten Landtage des Kurfürsten August von Sachsen, in: W. LIPPERT (Hrsg.), Meißnisch-sächsische Forschungen zur Jahrtausendfeier der Mark Meißen und des Sächsischen Staates. Dresden 1929, 124–141.
519. D. G. SCHREBER, Ausführliche Nachricht von den Churfürstlich-Sächsischen Land- und Ausschusstägen von 1185 bis 1728, auch wie die Steuern und Anlagen nacheinander eingeführet und erhöhet worden. Halle 1754.
520. G. WAGNER, Die Beziehungen Augusts des Starken zu seinen Ständen während der ersten Jahre seiner Regierung (1694–1700). Leipzig 1903.
521. CHR. E. WEISSE, Chursächsische Landtagsverhandlungen von 1550, 1552 und 1561, in: DERS., Diplomatische Beyträge zur Sächsischen Geschichte und Staatskunde. Leipzig 1799, 209–282.

4.23.2 Sachsen-Lauenburg

522. D. W. V. BÜLOW, Die Entwicklung der Ritter- und Landschaft und ihre Stellung in der Staatsverwaltung des Herzogtums Lauenburg bis zum Jahre 1848, in: F. N. NAGEL (Hrsg.), Lauenburgische Akademie für Wissenschaft und Kultur. Jahrbuch 1988. Mölln 1989, 69–94.
523. CHR. KENZLER, Die Ritter- und Landschaft im Herzogtum Sachsen-Lauenburg in der frühen Neuzeit. Hamburg 1997.
524. A. V. RHEDEN, Landständische Verfassung und fürstliches Regiment in Sachsen-Lauenburg (1543–1689). Göttingen 1974.

4.23.3 Nieder- und Oberlausitz

525. R. LEHMANN, Die Haltung der Niederlausitzer Stände in der sächsischen Frage 1813 bis 1815 und der Übergang des Markgrafentums an Preußen, in: Niederlausitzer Mitteilungen 27 (1934), 57–69.
526. R. LEHMANN, Die niederlausitzer Stände in sächsischer Zeit. Ein Beitrag zur Verfassungs- und Verwaltungsgeschichte der Niederlausitz, in: Archivar und Historiker. Studien zur Archiv- und Geschichtswissenschaft. Zum 65. Geburtstag von Heinrich Otto Meisner. Berlin 1956, 308–325.
527. J. LESZCZYNSKI, Stany Górnych Lucyc w latach 1635–1697 [Die Stände der Oberlausitz]. Breslau 1963.
528. J. W. NEUMANN, Geschichte der Landstände des Markgrafentums Niederlausitz. 1. Abt. Lübben 1843.

529. W. OELMANN, Die Landstände der Niederlausitz und der Siebenjährige Krieg, in: Niederlausitzer Mitteilungen 19 (1930), 392–428.

4.23.4 Thüringen

530. H. PATZE, Die Entstehung der Landesherrschaft in Thüringen. Köln 1962.

4.23.5 Schwarzburg

531. P. LANGHOFF; J. BEGGER, Landtag Schwarzburg-Rudolstadt. Bestandsverzeichnis. Rudolstadt 1996.
532. P. LANGHOFF; J. BEGGER, Landtag Schwarzburg-Sondershausen. Bestandsverzeichnis. Rudolstadt 1996.
533. E. V. RANKE, Das Fürstentum Schwarzburg-Rudolstadt zu Beginn des 18. Jahrhunderts. Der Landstreit gegen die fürstliche Willkür vor Reichskammergericht und Reichshofrat. Diss. Halle Wittenberg 1915.

4.24 Schleswig- Holstein

4.24.1 Schleswig- Holstein

534. W. CARSTEN, Die Landesherrschaft der Schauenburger und die Entstehung der landständischen Verfassung in Schleswig-Holstein, in: Zs. für schleswig-holsteinische Geschichte 25 (1926), 228–401.
535. K. KRÜGER, Die landschaftliche Verfassung Nordelbiens in der frühen Neuzeit. Ein besonderer Typ politischer Partizipation, in: Civitatum Communitas. Studien zum europäischen Städtewesen. Fschr. Heinz Stoob zum 65. Geburtstag. Köln und Wien 1984, 458–487.
536. U. LANGE, Die politischen Privilegien der schleswig-holsteinischen Stände 1588–1675. Veränderungen von Normen politischen Handelns. Neumünster 1980.
537. E. HOFFMANN, Der Landtag zu Kiel (1533) und der Niedergang des ständischen Wahlrechts in den Herzogtümern Schleswig und Holstein, in: H. BOOCKMANN; K. JÜRGENSEN; G. STOLTENBERG (Hrsg.), Geschichte und Gegenwart. Fschr. für Karl-Dietrich Erdmann, 1980, 557–576.
538. I. M. PETERS, Der Ripener Vertrag und die Ausbildung der landständischen Verfassung in Schleswig-Holstein, in: BlldtLG 109 (1973), 305–349; 111 (1975), 189–208.

4.24.2 Dithmarschen und Eiderstedt

539. M. JESSEN-KLINGENBERG, Eiderstedt 1713–1864. Landschaft und Landesherrschaft in königlich-absolutistischer Zeit. Neumünster 1967.
540. R. KUSCHERT, Landesherrschaft und Selbstverwaltung in der Landschaft Eiderstedt unter den Gottorfern 1544–1713, in: Zs. der Ges. für Schleswig-Holsteinischen Geschichte 78 (1954), 50–130.
541. R. WITT, Die Privilegien der Landschaft Norder-Dithmarschen. Neumünster 1975.

4.25 Schaumburg

542. TH. DISSMANN, Die Landstände der alten Grafschaft Schaumburg bis zum Ende des 16. Jahrhunderts. Bottrop 1939.
543. C. H. HAUPTMEYER, Souveränität, Partizipation und absolutistischer Kleinstaat. Die Grafschaft Schaumburg(-Lippe) als Beispiel. Hildesheim 1980.
544. C. W. LEDDERHOSE, Von der landschaftlichen Verfassung der Grafschaft Schaumburg, in: DERS., Kleine Schriften 1. Marburg 1787, 116–132.

4.26 Schlesien (siehe auch Österreich)

545. G. CROON (Hrsg.), Die ländliche Verfassung von Schweidnitz-Jauer. Zur Geschichte des Ständewesens in Schlesien. Breslau 1912.
546. H. PALM; J. KREBS (Hrsg.), Acta Publica. Verhandlungen und Korrespondenzen der schlesischen Fürsten und Stände. Bde. 1–8. 1618–1627. Breslau 1865–1900.
547. N. CONRADS, Die schlesische Ständeverfassung im Umbruch vom altständischen Herzogtum zur preußischen Provinz, in: [7: 335–365].
548. G. JAECKEL, Die staatsrechtlichen Grundlagen des Kampfes der evangelischen Stände um ihre Religionsfreiheit. T. 1, in: Jb. für schlesische Kirche und Kirchengeschichte 37 (1958), 102–136; T. 2, in: Jb. für schlesische Kirche und Kirchengeschichte 38 (1959), 74–109; T. 3, in: Jb. für schlesische Kirchengeschichte 39 (1960), 51–90.
549. K. ORZECHOWSKI, Geneza i istota slaskiego „Conventus Publicus" [Ursprung und Wesen des schlesischen „Conventus Publicus"], in: Sobótka 27 (1972), 561–577.

550. K. ORZECHOWSKI, Konvent – Sejm – Tribunal. Ze studiow nad zgromadzeniami stanoymi feudalnego Slaska [Konvent – Fürstentag – Ober- und Fürstenrecht. Studien über Ständeversammlungen in Schlesien im Zeitalter des Feudalismus], in: Sobótka 28 (1973), 261–275.
551. K. ORZECHOWSKI, Podejmowanie uchwal przez ogolnoslaskie zgrom adzenia stanowe pod rzadami Habsburgow [Die Beschlußfassung durch die gesamtschlesischen Ständetage unter der Herrschaft der Habsburger], in: Sobótka 30 (1975), 127–140.
552. H. PALM, Die Schlesier auf den böhmischen Generallandtag von 1611, in: Zs. des Vereins für Geschichte Schlesiens 10 (1870), 315–341.
553. M. J. PTAK, Die Konföderation von Mannen und Städten des Herzogtums Liegnitz im Jahre 1506. Zum politischen Leben der schlesischen Stände, in: Silesiographia. Stand und Perspektiven der historischen Schlesienforschung. Fschr. für Norbert Conrads zum 60. Geburtstag. Würzburg 1998, 385–392.
554. F. RACHFAHL, Die Organisation der Gesamtstaatsverwaltung Schlesiens vor dem Dreißigjährigen Kriege. Leipzig 1894.
555. J. R. WOLF, Die Stände in Österreich-Restschlesien seit den vierziger Jahren, in: [7: 365–372].
556. J. R. WOLF, Steuerpolitik im schlesischen Ständestaat. Untersuchungen zur Sozial- und Wirtschaftsstruktur Schlesiens im 18. Jahrhundert. Marburg 1981.

Schwarzburg siehe Sachsen und Thüringen

4.27 Schweiz

557. G. DIERAUER, Geschichte der Schweizerischen Eidgenossenschaft. 6 Bde. Erlenbach 1947–1948.
558. P. BLICKLE, Die Ausbildung bäuerlicher Landschaften im Raum der Eidgenossenschaft, in: Parliaments, Estates and Representation 11 (1991), 91–102.
559. P. BLICKLE, Friede und Verfassung. Voraussetzungen und Folgen der Eidgenossenschaft von 1291, in: Innerschweiz und frühe Eidgenossenschaft. Jubiläumsschrift 700 Jahre Eidgenossenschaft. Bd. 1. Olten 1990, 13–202.
560. N. BÜTIKOFER, Zur Funktion und Arbeitsweise der eidgenössischen Tagsatzung zu Beginn der frühen Neuzeit, in: ZHF 13 (1986), 15–41.

561. N. Bütikofer, Konfliktregulierung auf den Eidgenössischen Tagsatzungen des 15. und 16. Jahrhunderts, in: Parliaments, Estates and Representation 11 (1991), 103–115.
562. A. Gasser, Entstehung und Ausbildung der Landeshoheit im Gebiete der Schweizerischen Eidgenossenschaft. Aarau und Leipzig 1930.
563. A. Gasser, Landständische Verfassungen in der Schweiz, in: Zs. für Schweizerische Geschichte 17 (1937), 96–108.
564. A. Gasser, Die landständische Staatsidee und der schweizerische Bundesgedanke, in: L'Organisation corporative du Moyen Age à la fin de l'Ancien Régime. Löwen 1939, 119–130.
565. A. Holenstein, Konsens und Widerstand. Städtische Obrigkeit und landschaftliche Partizipation im städtischen Territorium Bern (15.–16. Jahrhundert), in: Parliaments, Estates and Representation 10 (1990), 3–27.
566. A. Holenstein, Politische Partizipation und Repräsentation von Untertanen in der alten Eidgenossenschaft. Städtische Ämteranfragen und ständische Verfassungen im Vergleich, in: [14: 233–249].
567. A. Würgler, Die Tagsatzung der Eidgenossen. Spontane Formen politischer Repräsentation im Spätmittelalter und in der frühen Neuzeit, in: [14: 99–117],

4.28 Solms
568. V. Press, Die Landschaft aller Grafen von Solms. Ein ständisches Experiment am Beginn des 17. Jahrhunderts, in: Hessisches Jb. für Landesgeschichte 27 (1977), 37–106.

4.29 Welfische Fürstentümer
4.29.1 Braunschweig
569. K. Friedland, Die „Sate" der Braunschweig-Lüneburgischen Landstände von 1392, in: BlldtLG 91 (1954), 110–129.
570. H. Koken, Die Braunschweiger Landstände um die Wende des 16. Jahrhunderts unter den Herzögen Julius und Heinrich Julius 1568–1613 im Herzogtum Braunschweig-Wolfenbüttel. Braunschweig 1914.
571. U. Lange, Landtagsausschüsse in Braunschweig-Wolfenbüttel. Moderne Formen landständischer Repräsentation im 16. Jahrhundert, in: Braunschweiger Jb. 65 (1984), 79–97.
572. W. Schmidt, Der braunschweigische Landtag und der Absolutismus 1768–1770, in: Jb. des Braunschweigischen Geschichtsvereins 11 (1912), 78–115.

4.29.2 Calenberg

573. J. G. F. KLEINSCHMIDT, Sammlung von Landtags-Abschieden, Reversen, Versicherungen, Bestätigungen und sonstigen die Staats- und privatrechtlichen Verhältnisse der Fürstentümer Calenberg, Grubenhagen und Göttingen betreffenden Urkunden. Bde. 1–2. Hannover 1832.
574. J. C. v. HUGO, Die Landschaftliche Verfassung des Fürstenthums Calenberg, und zwar: I. Von dem Landschaftlichen Ausschuss. II. Denen heutigen Landtagen. III. Dem Schatz-Collegio, dessen Ursprunge und heutiger Verfassung, aus bewährten Urkunden in ihr gehöriges Licht gesetzt. Hannover 1790.
575. H. KRUSE, Stände und Regierung – Antipoden. Die Calenberggöttingschen Landstände von 1715 bis 1802. Hannover 2000.
576. A. v. STIEGLITZ, Landesherr und Stände zwischen Konfrontation und Kooperation. Die Innenpolitik Herzog Johann Friedrichs im Fürstentum Calenberg 1665–1679. Hannover 1994.
577. D. STORCH, Die Landstände des Fürstentums Calenberg-Göttingen 1680–1714. Hildesheim 1972.
578. B. BEI DER WIEDEN, Welfisches Fürstentum und ständische Repräsentation. Der Calenberger Landtag 1582 in Marienstein. Göttingen 1990.

4.29.3 Lüneburg

579. O. v. ESTORFF, Kurtzer ungefehrlicher Begriff und Einhalt aller Privilegien, Begnadigungen, Constitutionen, Landtags-Abschieden von ao. 1367 biss ao. 1598 der Landschaft Lüneburg-Zell. [o. O. o. J.; 18. Jh.]. Auch in: Archiv für Geschichte und Verfassung des Fürstentums Lüneburg 6 (1858), 287–332.
580. O. v. ESTORFF, Kurzer Auszug aller Landes-Constitutionen, Policey- und Hoffgerichts-Ordnungen, Landtages-Abschiede, Kirchen-Ordnungen, Privilegien und Begnadigungen von 1367–1626 der Landschaft Lüneburg gegeben. [o. O. o. J.; 18. Jh.].
581. CHR. v. ARNSWALDT, Die Lüneburger Ritterschaft als Landstand im Spätmittelalter. Untersuchungen zur Verfassungsstruktur des Herzogtums Lüneburg zwischen 1300 und 1550. Göttingen 1969.
582. W. KROSCH, Die landständische Verfassung des Fürstentums Lüneburg. Auma i. Th. 1914.

4.29.4 Hoya

583. J. F. W. v. DUVE (Hrsg.), Nachricht von der Landschaftlichen Verfassung der Graffschaft Hoya. [Gerlach Adolph von Münchhau-

sen]. Aus einer glaubwürdigen Handschrift mit Anmerkungen. Celle 1795.

4.30 Württemberg

584. W. OHR; E. KOBER (Hrsg.), Württembergische Landtagsakten. 1. Reihe. Bd. 1 (1498–1515). Stuttgart 1913.
585. A. E. ADAM (Hrsg.), Württembergische Landtagsakten. 2. Reihe. Bde. 1–3 (1593–1620). Stuttgart 1910–1919.
586. W. GRUBE, Der Tübinger Vertrag vom 8. Juli 1514. Faksimile-Ausgabe aus Anlaß der 450-Jahrfeier d. Errichtung des Tübinger Vertrags. Mit Transkription und geschichtlicher Würdigung. Stuttgart 1964.
587. E. SCHNEIDER (Hrsg.), Ausgewählte Urkunden zur württembergischen Geschichte. Stuttgart 1911.
588. A. E. ADAM, Herzog Karl und die Landschaft, in: Herzog Karl Eugen von Württemberg und seine Zeit. Bd. 1. Esslingen 1907, 193–310.
589. A. E. ADAM, Herzog Friedrich I. von Württemberg und die Landschaft, in: Württembergische Vierteljahreshefte für Landesgeschichte 25 (1916), 210–229.
590. H. BRANDT, Von den Verfassungskämpfen der Stände zum modernen Konstitutionalismus. Das Beispiel Württemberg, in: Denken und Umsetzung des Konstitutionalismus in Deutschland und anderen europäischen Ländern in der ersten Hälfte des 19. Jahrhunderts. Berlin 1999, 99–108.
591. R. FUHRMANN, Die „gemeine Landschaft" Altwürttembergs – Korporation oder *policy community?*, in: [14: 81–98].
592. E. GROTHE, Der württembergische Reformlandtag 1787–1799, in: ZWLG 48 (1989), 159–200.
593. W. GRUBE, Dorfgemeinde und Amtsversammlung in Altwürttemberg, in: ZWLG 13 (1954), 194–219.
594. W. GRUBE, Stände in Württemberg, in: [16: 31–50].
595. W. GRUBE, Der Stuttgarter Landtag 1457–1957. Von den Landständen zum demokratischen Parlament. Stuttgart 1957.
596. W. GRUBE, Vogteien, Ämter, Landkreise in der Geschichte Südwestdeutschlands. Stuttgart 2. Aufl. 1960.
597. W. GRUBE, Württembergische Verfassungskämpfe im Zeitalter Herzog Ulrichs, in: Neue Beiträge zur südwestdeutschen Landesgeschichte. Fschr. für Max Miller. Stuttgart 1962, 114–160.

598. G. HAUG-MORITZ, Württembergischer Ständekonflikt und deutscher Dualismus. Ein Beitrag zur Geschichte des Reichsverbands in der Mitte des 18. Jahrhunderts. Stuttgart 1992.
599. E. HÖLZLE, Das alte Recht und die Revolution. Eine politische Geschichte Württembergs in der Revolutionszeit 1789–1805. Berlin 1931.
600. A. LÄMMLE, Der „Leonberger Landtag". Ursachen und Folgen. Leonberg 1957.
601. H. LEHMANN, Die württembergischen Landstände im 17. und 18. Jahrhundert, in: [45: 183–207].
602. H. P. LIEBEL-WECKOWICZ, The revolt of the Wuerttemberg Estates, 1764–1770, in: Man and Nature. Proceedings of the Canadian Society for Eighteenth Century Studies 2 (1984), 110–120.
603. H. ÖHLER, Der Aufstand des Armen Konrad im Jahr 1514, in: Württembergische Vierteljahreshefte für Landesgeschichte 38 (1932), 401–486.
604. W. OHR, Die Absetzung Herzog Eberhards II. von Württemberg. Ein Beitrag zur Rechtsgeschichte des Ständestaates, in: Württembergische Vierteljahreshefte für Landesgeschichte 15 (1906), 337–367.
605. V. PRESS, Der württembergische Landtag im Zeitalter des Umbruchs 1770–1830, in: ZWLG 42 (1983), 255–281.
606. B. VOPELIUS-HOLTZENDORFF, Das Recht des Volkes auf Revolution? Christian Friedrich Baz und die Politik der württembergischen Landstände von 1797–1800 unter Berücksichtigung von Hegels Frankfurter Schrift von 1798, in: CHR. JAMME; O. PÖGGELER (Hrsg.), „Frankfurt aber ist der Nabel dieser Erde". Das Schicksal einer Generation der Goethezeit. Stuttgart 1983, 104–134.
607. F. WINTTERLIN, Die Anfänge der landständischen Verfassung in Württemberg, in: Württembergische Vierteljahreshefte für Landesgeschichte 23 (1914), 327–336.
608. F. WINTTERLIN, Die rechtsgeschichtlichen Grundlagen des Rechtsstaates in Württemberg, in: Württembergische Vierteljahreshefte für Landesgeschichte 38 (1932), 318–341.
609. P. H. WILSON, The Power to Defend, or the Defence of Power: The Conflict between Duke and Estates over Defence Provision, Württemberg 1677–1793, in: Parliaments, Estates and Representation 12 (1992), 25–45.

5. Geistliche Staaten

5.1 Allgemeines

610. R. FREIIN V. OER, Landständische Verfassungen in den geistlichen Fürstentümern Nordwestdeutschlands, in: [45: 94–119].
611. R. VIERHAUS, Wahlkapitulationen in den geistlichen Staaten des 18. Jahrhunderts, in: [131: 205–219].

5.2 Bamberg

612. S. BACHMANN, Die Landstände des Hochstifts Bamberg. Ein Beitrag zur territorialen Verfassungsgeschichte. Bamberg 1962.

5.3 Basel

613. R. BALLMER, Les assemblées d'états dans l'ancien Evéché de Bâle. Des origines á 1730, in: Schweizer Beitr. zur Allgemeinen Geschichte 20 (1962/63), 54–140.
614. R. BALLMER, Les Etats du pays ou les assemblées d'états dans l'ancien évêché de Bâle. Delémont 1985.

5.4 Bremen

615. R. CAPPELLE, Die Stände des Erzstifts Bremen im 16. Jahrhundert, in: Jb. der Männer vom Morgenstern 18 (1917/20), 41–61.
616. O. MERKER, Die Ritterschaft des Erzstifts Bremen im Spätmittelalter. Herrschaft und politische Stellung als Landstand 1300–1555. Stade 1962.
617. K. H. SCHLEIF, Regierung und Verwaltung des Erzstifts Bremen am Beginn der Neuzeit 1500–1645. Eine Studie zum Wesen der modernen Staatlichkeit. Hamburg 1972.

5.5 Essen

618. R. DE VRIES, Die Landtage des Stifts Essen. Ein Beitrag zur Verfassungsgeschichte der geistlichen Territorien, in: Beitr. zur Geschichte von Stadt und Stift Essen 52 (1935), 1–168.

5.6 Fulda

619. B. JÄGER, Das geistliche Fürstentum Fulda in der frühen Neuzeit: Landesherrschaft, Landstände und fürstliche Verwaltung. Ein Beitrag zur Verfassungs- und Verwaltungsgeschichte kleiner Territorien des alten Reiches. Marburg 1986.

620. R. TEUNER, Die fuldische Ritterschaft 1510–1656. Frankfurt am Main 1982.

5.7 Hildesheim

621. M. HAMANN, Das Staatswesen der Fürstbischöfe von Hildesheim im 18. Jahrhundert, in: Niedersächsisches Jb. 34 (1962), 157–193.
622. J. LÜCKE, Die landständische Verfassung im Hochstift Hildesheim 1643–1802. Ein Beitrag zur territorialen Verfassungsgeschichte. Hildesheim 1969.
623. H. OBENAUS, Die Matrikel der Hildesheimer Ritterschaft von 1731, in: Niedersächsisches Jb. für Landesgeschichte 35 (1963), 127–166.
624. H. OBENAUS, Versuche einer Reform der Hildesheimer Ritterschaft im ausgehenden 18. Jahrhundert. Über eine Schrift des Freiherrn Moritz von Barbeck, in: Niedersächsisches Jb. für Landesgeschichte 37 (1965), 75–121.
625. J. F. RUNDE, Verteidigung der Hochstift Hildesheimischen Landesverfassung und landständischen Gerechtsame. Göttingen 1794.

5.8 Kempten

626. P. BLICKLE, Die Landstandschaft der Kemptener Bauern, in: ZBLG 301 (1967), 201–241.
627. P. BLICKLE, Personalgenossenschaften und Territorialgenossenschaften im Allgäu, in: Standen en Landen 53 (1970), 181–241.

5.9 Köln

628. K. ESSERS, Zur Geschichte der kurkölnischen Landtage im Zeitalter der Französischen Revolution (1790–1797). Gotha 1909.
629. W. JANSSEN, Eine landständische Einung kurkölnischer Städte aus den Jahren 1362/63, in: W. BESCH u. a. (Hrsg.), Die Stadt in der europäischen Geschichte. Fschr. für Edith Ennen. Bonn 1972, 391–403.
630. W. PAETZER, Das Verhältnis des Kölner Domkapitels zu den beiden letzten Kurfürsten aus dem Hause Wittelsbach, Josef Clemens und Clemens August, vornehmlich nach den Protokollen des Kapitels. Diss. Bonn 2000.
631. K. RUPPERT, Die Landstände des Erzstifts Köln in der frühen Neuzeit. Verfassung und Geschichte, in: Annalen des historischen Vereins für den Niederrhein 174 (1972), 47–111.

632. L. TEWES, Ständische Mitsprache und Modernisierung in der kurkölnischen Zentralverwaltung während des 15. Jahrhunderts, in: F. SEIBT; W. EBERHARD (Hrsg.), Europa 1500. Integrationsprozesse im Widerstreit. Staaten, Regionen, Personenverbände, Christenheit. Stuttgart 1987, 195–208.

5.10 Konstanz

633. W. WÜST, Land ohne Landschaft? Lokale und regionale „Selbstbestimmung" unter den Bischöfen von Augsburg und Konstanz, in: [14: 179–205].

5.11 Lüttich

634. E. FAIRON, Analyse sommaires des journées d'Etats de la principauté de Liège 1613–1650, in: Annuaire d'histoire liègoise 5 (1955/56), 469–573, 659–759.
635. P. HARSIN, Gouvernés et gouvernants dans la principauté de Liège du XIVe au XVIIIe siècle, in: Standen en Landen 33 (1965), 79–86.
636. A. WOHLWILL, Die Anfänge der landständischen Verfassung im Bistum Lüttich. Leipzig 1867.

5.12 Magdeburg

637. K. KRÜTGEN, Die Landstände des Erzstifts Magdeburg vom Beginn des 14. Jahrhunderts bis zur Mitte des 16. Jahrhunderts. Halle 1915.
638. W. NEUGEBAUER, Die Stände in Magdeburg, Halberstadt und Minden im 17. u. 18. Jahrhundert, in: [7: 170–208].
639. F. SCHRADER, Was hat Kardinal Albrecht von Brandenburg auf dem Landtag zu Calbe im Jahre 1541 den Ständen der Hochstifte Magdeburg und Halberstadt versprochen? In: Ecclesia militans. Studien zur Konzilien- und Reformationsgeschichte. Remigius Bäumer zum 70. Geburtstag gewidmet. Bd. 1: Zur Konziliengeschichte. Paderborn 1988, 333–361.

5.13 Münster

640. L. DEHIO, Zur Verfassungs- und Verwaltungsgeschichte des Fürst-Bistums Münster im 17. und 18. Jahrhundert, in: Zs. für Vaterländische Geschichte Westfalens 79 (1921), 1–24.
641. U. HERZOG, Untersuchungen zur Geschichte des Domkapitels zu Münster und seines Besitzes im Mittelalter. Göttingen 1961.

642. CHR. HOFFMANN, Ein Streit um das geltende Reichsrecht. Die Auseinandersetzung der Stände im Niederstift Münster mit Fürstbischof Ferdinand von Bayern um die Freistellung der Augsburgischen Konfession, in: G. STEINWASCHER (Hrsg.), Krieg, Konfessionalisierung, Westfälischer Frieden. Das Emsland und die Grafschaft Bentheim in der Zeit des spanisch-niederländischen und des Dreißigjährigen Krieges. Bentheim 1998, 229–269.
643. F. KEINEMANN, Das Domkapitel zu Münster im 18. Jahrhundert. Verfassung, persönliche Zusammensetzung, Parteiverhältnisse. Münster 1967.
644. K.-H. KIRCHHOFF, Landräte im Stift Münster. Erscheinungsformen der landständischen Mitregierung im 16. Jahrhundert, in: WestfF 18 (1965), 181–190.
645. K.-H. KIRCHHOFF, Die landständischen Schatzungen des Stifts Münster im 16. Jahrhundert, in: WestfF 14 (1961), 117–133.
646. K.-H. KIRCHHOFF, Ständeversammlungen und erste Landtage im Stift Münster 1212–1278 und der Landtagsplatz auf dem Laerbrock, in: WestfF 31 (1980), 61–77.
647. R. KUHNA, Die ständische Verfassung in den westfälischen Landesteilen Preußens und im Fürstbistum Münster 1780–1806. Diss. Münster 1963.
648. A. MEYER ZU STIEGHORST, Die Verhandlungen der Landstände des Fürstbistums Münster in der Zeit der Französischen Revolution 1789–1802. Hildesheim 1911.
649. R. FREIIN V. OER, Zur Stellung der Städte in der landständischen Verfassung des Hochstifts Münster vor dem 30jährigen Krieg. Innerstädtische und zwischenständische Konflikte um Verteidigungslasten, in: Mentalitäten und Lebensverhältnisse. Beispiele aus der Sozialgeschichte der Neuzeit. Rudolf Vierhaus zum 60. Geburtstag. Göttingen 1982, 108–120.
650. L. SCHMITZ-KALLENBERG, Die Landstände des Fürstbistums Münster bis zum 16. Jahrhundert, in: Westdeutsche Zs. für Geschichte und Kunst 92 (1936), 1–88.

5.14 Osnabrück

651. H.-J. BEHR, Politisches Ständetum und landschaftliche Selbstverwaltung. Geschichte der Osnabrücker Landschaft im 19. Jahrhundert. Osnabrück 1970.
652. H. HIRSCHFELDER, Herrschaftsordnung und Bauerntum im Hochstift Osnabrück im 16. und 17. Jahrhundert. Osnabrück 1971.

653. R. RENGER, Landesherr und Landstände im Hochstift Osnabrück in der Mitte des 18. Jahrhunderts. Untersuchungen zur Institutionengeschichte des Ständestaates im 17. und 18. Jahrhundert. Göttingen 1968.
654. M. RUDERSDORF, „Das Glück der Bettler". Justus Möser und die Welt der Armen. Mentaltität und soziale Frage im Fürstbistum Osnabrück zwischen Aufklärung und Säkularisation. Münster 1995.
655. G. SCHÖTTKE, Die Stände des Hochstifts Osnabrück unter dem ersten evangelischen Bischof Ernst August von Braunschweig-Lüneburg (1662–1698), in: Osnabrücker Mitt. 33 (1908), 1–66.
656. G. WREDE, Die geschichtliche Stellung der Osnabrücker Landschaft, in: Niedersächsisches Jb. 32 (1960), 36–62.

5.15 Paderborn
657. F. JACOBS, Die Paderborner Landstände im 17. und 18. Jahrhundert, in: Westfälische Zs. 93 (1937), 42–112.
658. H. SCHOPPMEYER, Die Entstehung der Landstände im Hochstift Paderborn, in: Westfälische Zs. 136 (1986), 249–310.

5.16 Passau
659. P. C. HARTMANN, Die Landstände des Hochstiftes Passau im Rahmen der ständischen Bewegung des Spätmittelalters, in: Ostbairische Grenzmarken 27 (1985), 63–81.

5.17 Salzburg
660. P. BLICKLE, Ständische Vertretung und genossenschaftliche Verbände der Bauern im Erzstift Salzburg, in: ZBLG 32 (1969), 131–192.
661. H. KLEIN, Die Bauernschaft auf den Salzburger Landtagen (mit Exkurs: Die Inhaber der Erbämter als Nachfolger des Dienstmannenstandes), in: Mitt. der Ges. für Salzburger Landeskunde 88/89 (1949), 51–78.
662. H. KLEIN, Salzburg und seine Landstände von den Anfängen bis 1861, in: 100 Jahre selbständiges Land Salzburg. Salzburg 1961, 124–147.
663. F. MARTIN, Zur Geschichte Erzbischof Wolf Dietrichs I.: Wolf Dietrich und die Landstände, in: Mitt. der Ges. für Salzburger Landeskunde 61 (1921), 1–32.
664. R. MELL, Abhandlungen zur Geschichte der Landstände im Erzbistum Salzburg . Bd. 1: Die Anfänge der Landstände. Salzburg 1905.

5.18 Speyer

665. F. J. MONE, Steuerbewilligung im Bistum Speyer 1439–1441, in: ZGO 1 (1850), 163–169.

5.19 Trier

666. J. J. SCOTTI, (Hrsg.), Sammlung der Gesetze und Verordnungen, welche in dem vormaligen Churfürstenthum Trier über Gegenstände der Landeshoheit, Verfassung, Verwaltung und Rechtspflege ergangen sind, vom Jahre 1310 bis zur Reichs-Deputations-Schlußmäßigen Auflösung des Churstaates Trier am Ende des Jahres 1802. Düsseldorf 1832.
667. E. HAXEL, Verfassung und Verwaltung des Kurfürstentums Trier im 18. Jahrhundert, in: Trierer Zs. 5 (1930), 47–87.
668. G. KNETSCH, Die landständische Verfassung und reichsritterschaftliche Bewegung im Kurstaat Trier vornehmlich im 16. Jahrhundert. Berlin 1909.
669. R. LAUFNER, Die Landstände von Kurtrier im 17. und 18. Jahrhundert, in: Rheinische Vierteljahrsblätter 32 (1968), 290–317.
670. F. LIESENFELD, Klemens Wenzeslaus, der letzte Kurfürst von Trier, seine Landstände und die Französische Revolution 1789–1794. Trier 1912.
671. W. LOCH, Die kurtrierischen Landstände während der Regierungszeit der Kurfürsten Johann Hugo von Orsbeck und Karl Joseph von Lothringen 1617–1715. Diss. Bonn 1951 (masch.).
672. O. GRAF V. LOOZ-CORSWAREM, Ein Entwurf zu einer kurtrierischen Landesvereinigung von 1547 und seine Folgen, in: Rheinische Vierteljahrsblätter 38 (1974), 225–247.
673. P. SCHWARZ, Die Landstände des Erzstifts Trier und Lothar von Metternich 1599–1623, in: Trierisches Archiv 26/27 (1916), 1–65.

5.20 Würzburg

674. E. SCHUBERT, Die Landstände des Hochstifts Würzburg. Würzburg 1967.
675. A. TAUSENDPFUND, Adelsinteressen im Spannungsfeld von landesherrlicher Politik und landständischer Organisation, in: Würzburger Diözesangeschichtliche Blätter 1980, 67–90.

Register

Personenregister

Althusius, J. 59
BELOW, G. VON 45ff., 50, 57
BIRTSCH, G. 65f.
BLICKLE, P. 9, 67, 70ff., 80f.
BLOCKMANS, W. P. 73–76
Bodin, J. 59, 62
BOSL, K. 66ff., 71
BRUNNER, O 56ff., 60, 62

CARSTEN, F. L. 62ff.
Christian Ludwig Herzog von
 Mecklenburg 29
Christian Eberhard Graf von
 Ostfriesland 29

Eberhard Ludwig Herzog von
 Württemberg 29
Edzard Cirksena Graf von
 Ostfriesland 9, 40
ELIAS, N. 73, 77f.
ENGELS, F. 44

Fox, J. 63
Friedrich Wilhelm Kurfürst von
 Brandenburg 27

GENTZ, F. 36ff., 39
GERHARD, D. 61f.
GIERKE, O. von 39ff., 46
GÓRSKI, K. 75

HARTUNG, F. 63, 65, 67
Hegel, G. W. F. 66
Heinrich VI. Römischer König 1
HINTZE, O. 2, 10, 54ff., 57, 60, 68, 73, 76ff., 81f.
KAPPELHOFF, B. 72
Karl Alexander Herzog von
 Württemberg 29

Karl der Große 33
Karl Eugen Herzog von Württemberg
 29
Karl Leopold Herzog von
 Mecklenburg 29
KOENINGSBERGER, H. 73, 76ff., 79

LOUSSE, E. 51f., 62
LÖWENTHAL, R. 80

MARX, K. 44f.
MITTERAUER, M. 68ff.
MORAW, P. 68
MOSER, J. J. 13, 17, 33ff.

NÄF, W. 60f.
NEUGEBAUER, W. 68
NIPPERDEY, TH. 84

OESTREICH, G. 7f., 56, 63, 65, 72f., 79f.

PARKER, G. 7
PRESS, V. 71f., 78ff.

RACHFAHL, F. 47, 50
ROBERTS, M. 7
ROTTECK, C. von 38ff.
Rousseau, J.-J. 5

SCHIEFER, W. 47ff.
SPANGENBERG, H. 50ff.
STAHL, F. J. 42ff.
STOLLBERG-RILINGER, B. 68

TEZNER, F. 47

Wilhelm VI. Landgraf von Hessen 27

Orts- und Länderregister

Ansbach 34
Aragón 56
Artois 75

Baden 10, 34
Basel 70
Bayern 4, 6, 12, 28, 41, 48, 50, 63 f., 66, 77
Bayreuth 34
Belgien 53
Berg 6, 41, 46, 63 f.
Böhmen 4, 34, 41, 45, 48, 56, 69, 75, 77 f.
Brabant 74 f.
Brandenburg 4, 27 f., 41, 48
Bretagne 77
Braunschweig-Lüneburg 4, 6, 41 f.
Burgund 69, 75, 77

Chur 70
Cleve 6, 41, 63 f.

Dänemark 9, 29, 75, 78
Deutschland 75
Dithmarschen 2, 9, 40, 81

Emden 34
England 37, 43, 56, 60, 73, 75, 77 f.

Flandern 69, 74 f.
Frankfurt am Main 82
Frankreich 37, 56, 73, 75, 78
Friaul 75

Hadeln 34
Hamburg 83
Hannover 29
Heiliges Römisches Reich 33, 36, 68 f., 78, 82 f.
Hennegau 75
Hessen 6, 27, 35, 41, 63 f.
Holland 75
Holstein 6, 41

Jülich 4, 6, 41, 46, 63 f.

Karlsbad 36
Kärnten 41
Kastilien 56

Katalonien 77 f.
Kempten 10, 34
Köln 6, 41
Krain 41

Languedoc 75, 77
Lausitz 6, 41
Leipzig 4
Leon 56
Litauen 75
Livland 75
Lübeck 83
Lüttich 34, 53

Magdeburg 4
Mähren 45
Mainz 70
Mark 4, 6, 41, 63 f.
Mecklenburg 4, 6, 29, 33, 35, 41 f., 73, 77 f.
Minden 6, 41
Münster 4, 6, 29, 41

Neapel-Sizilien 56, 78
Niederlande 2, 9, 29, 40, 47 ff., 53, 73, 77 f., 82
Normandie 75

Osnabrück 4, 6, 10, 28, 34
Österreich 4, 10, 12, 34, 58, 73, 78
Ostfriesland 2, 9 f., 28 f., 34, 40 f., 77 f., 83
Ostpreußen 6, 41, 56, 73

Paderborn 6, 10
Pfalz 8, 63 f.
Piemont 75, 78
Polen 56, 60, 69, 75, 77
Pommern 4, 35, 41 f., 73
Portugal 78
Preußen 39, 73, 75

Rostock 34
Russland 29

Sachsen 4, 29, 35, 41, 56, 63 f.
Sachsen-Lauenburg 6, 41
Salzburg 34, 41, 58, 70
Sardinien 78
Schlesien 4, 6, 41, 48, 50, 56

Schleswig 6, 33, 41
Schleswig-Holstein 9
Schottland 77
Schwäbisch-österreich 28
Schweden 34, 75
Schweiz 2, 9, 40, 60
Schwerin 4, 48
Spanien 73, 75, 78
Steiermark 41

Tirol 6, 10, 40 f., 58, 73
Trier 6, 41

Ungarn 45, 56, 75, 77

Worms 1
Württemberg 6, 10 f., 13 f., 29, 31, 34 f., 41 f., 63, 65, 77 f., 83

Sachregister

Absolutismus 27, 29 f., 33, 36, 38, 42, 45, 49, 51, 53 f., 56, 59 f., 62–65, 67, 72, 78 f., 82
Adel 3, 5, 9 ff., 13, 27, 29 f., 33, 40, 45, 51, 58, 64, 69 f., 73 ff., 83
Armer Konrad 7
Ausschuss 13, 15, 17, 28, 31, 38, 41, 69

Bauer 4, 9 f., 27, 29 f., 34, 40, 47, 58, 67, 83
Bauernkrieg 7
Bede 4, 46, 47, 50
Beschwerden 6, 11, 13, 28, 30, 35, 43, 47
Bundesakte 1815 31, 36, 38, 42
Bürgertum 12, 45, 73, 83

Carta Magna Leonesa 1

Diäten 16
Diskontinuität 37, 39, 66 f., 80 f.
Dominium politicum et regale 76 f.
Dominium regale 76
Domkapitel 10
Dreikuriensystem 10, 55, 68, 75, 77 f.
Dreißigjähriger Krieg 27 f., 49, 63 f., 79
Dualismus 13, 30, 40, 43 f., 46, 48, 50, 57 f., 60, 72

Eidgenossenschaft 9, 41, 57, 60, 82, 84
Einung 46 ff., 50 f.
Eigennutz 30
Erbvergleich Württemberg 1770 29

Faschismus 57

Fehde 5
Feudalismus 54
Finanzkrise 5
Finanzstaat 12, 72
Föderalismus 81 f.
Französische Revolution 36, 42, 62, 65
Freies Mandat 37 f., 62
Friedenswahrung 6, 83
Frühparlamentarismus 1, 64

Gegenreformation 64
Geistlichkeit 4, 10, 12 f., 17, 34, 40, 51, 58, 69 f., 74 f., 83
Gemeinwohl 42
Generalstände 69, 73, 78, 80
Genossenschaft 40, 46
Gewaltenteilung 37, 43
Goldene Bulle 1356 5, 42
Goldene Bulle Ungarn 2
Gravamina 11

Hanse 76, 82, 84
Hausväterdemokratie 67, 71
Herrschaftsvertrag 4, 39, 60
Hoftag 3, 7, 10, 58

Imperatives Mandat 11, 38
Indigenat 5
Internationale Ständekommission 45, 51 ff.

Jüngster Reichsabschied 27, 42

Kaiser 17
Kalmarer Union 82
Katholische Soziallehre 57
Kirche 2, 45, 54
Kirchenordnung 12

Klerus 73
Kommunalismus 81
Konföderation 1
Kontinuität 37f., 39, 42, 44, 49, 51, 54, 57ff., 65, 67f., 71, 80f.
Kontribution 8, 27
Kreditwerk 13
Kurfürsten 5, 10, 56
Kurien 10

Landesbewusstsein 3, 5
Landeseinheit 30
Landesgemeinde 2f., 7, 39f., 41, 57f.
Landesgrundgesetzlicher Erbvergleich 29
Landesversammlung 3, 10, 69
Landfrieden 5, 30, 48, 51, 57f., 70, 83
Landkasten 13
Landrecht 57
Landschaft 1, 67, 70–73, 82
Landschaftliche Verfassung 67, 70, 73, 81
Landschaftsbewusstsein 62
Landschaftsversammlung 70
Landtag 3f., 6, 10ff.
Landtagsabschied 16ff.
Lehensstaat 50

Machtstaat 61, 63
Magna Charta Libertatum 1, 67
Materien der Beratung 14
Matrikel 33
Meliores et majores terrae 1f., 47
Monarchisches Prinzip 42

Nationalstaat 62

Parlament 63, 66, 80f.
Parlamentarische Demokratie 56
Parlamentarismus 38, 42, 54, 66, 71, 81f.
Parteien 67, 80, 84
Partizipation 2, 7f., 36, 44, 68, 71, 81f.
Petitionsrecht 37
Plenum 15, 17
Policey 7, 12, 28, 48, 67
Prälaten 14, 58, 64
Primogenitur 6
Privilegien 4f.
Provinziallandtag 73
Provinzialstände 44, 73

Quod omnes tangit 2, 55

Rat und Hilfe 3, 7, 58
Reformation 7, 12, 64, 79, 83
Reichshofrat 17, 29
Reichsstände 69, 73
Reichstag 71, 79, 81ff.
Reichsverfassung 28
Repräsentation 48f., 59, 66, 70, 72, 74
Repräsentativsystem 66
Repräsentativverfassung 31, 37, 44, 47, 53
Republik 1, 9, 43, 49, 60, 78, 81f.
Ritterschaft 14, 17, 27, 34, 36, 62
Römisches Recht 2, 51, 70, 77

Schutz und Schirm 2
Selbstversammlungsrecht 48, 58
Söldner 7
Souveränität 13, 27, 38, 44, 59, 82
Staatsbildung 5, 7f., 30, 40, 64, 72
Städte 3f., 9ff., 13f., 17, 40, 51, 58, 62, 69, 83
Ständestaat 50, 54, 63, 65
Steuerbewilligung 4f., 11, 28, 41, 43, 46ff., 50, 58, 79
Steuern 2, 4, 8, 46, 48, 55, 58, 70
Steuerstaat 8, 28, 30

Tagsatzung 9
Toleranz 12
Tübinger Vertrag 7f.
Türkensteuer 8, 12

Union 4, 6f., 34, 41, 64
Upstalbom 9

Volksvertretung 46
Volkssouveränität 37f., 39, 42, 55, 57, 66f.
Vollmacht 16

Wahlrecht 39
Westfälischer Friede 9
Widerstandsrecht 5, 40, 47f., 50, 59
Wiener Kongress 36

Zweikammernsystem 55f., 68f., 77f.

Enzyklopädie deutscher Geschichte
Themen und Autoren

Mittelalter

Agrarwirtschaft, Agrarverfassung und ländliche Gesellschaft im Mittelalter (Werner Rösener) 1992. EdG 13
Adel, Rittertum und Ministerialität im Mittelalter (Werner Hechberger)
Die Stadt im Mittelalter (Michael Matheus)
Armut im Mittelalter (Otto Gerhard Oexle)
Geschlechtergeschichte des Mittelalters (Hedwig Röckelein)
Die Juden im mittelalterlichen Reich (Michael Toch) 2. Aufl 2003. EdG 44

Gesellschaft

Wirtschaftlicher Wandel und Wirtschaftspolitik im Mittelalter (Michael Rothmann)

Wirtschaft

Wissen als soziales System im Frühen und Hochmittelalter (Johannes Fried)
Die geistige Kultur im späteren Mittelalter (Johannes Helmrath)
Die ritterlich-höfische Kultur des Mittelalters (Werner Paravicini) 2. Aufl. 1999. EdG 32

Kultur, Alltag, Mentalitäten

Die mittelalterliche Kirche (Michael Borgolte) 1992. EdG 17
Religiöse Bewegungen im Mittelalter (N.N.)
Formen der Frömmigkeit im Mittelalter (Arnold Angenendt)

Religion und Kirche

Die Germanen (Walter Pohl) 2000. EDG 57
Die Slawen in der deutschen Geschichte des Mittelalters (Thomas Wünsch)
Das römische Erbe und das Merowingerreich (Reinhold Kaiser) 2. Aufl. 1997. EdG 26
Das Karolingerreich (Bernd Schneidmüller)
Die Entstehung des Deutschen Reiches (Joachim Ehlers) 2. Aufl. 1998. EdG 31
Königtum und Königsherrschaft im 10. und 11. Jahrhundert (Egon Boshof) 2. Aufl. 1997. EdG 27
Der Investiturstreit (Wilfried Hartmann) 2. Aufl. 1996. EdG 21
König und Fürsten, Kaiser und Papst nach dem Wormser Konkordat (Bernhard Schimmelpfennig) 1996. EdG 37
Deutschland und seine Nachbarn 1200–1500 (Dieter Berg) 1996. EdG 40
Die kirchliche Krise des Spätmittelalters (Heribert Müller)
König, Reich und Reichsreform im Spätmittelalter (Karl-Friedrich Krieger) 1992. EdG 14
Fürstliche Herrschaft und Territorien im späten Mittelalter (Ernst Schubert) 1996. EdG 35

Politik, Staat, Verfassung

Frühe Neuzeit

Bevölkerungsgeschichte und historische Demografie 1500–1800 (Christian Pfister) 1994. EdG 28
Umweltgeschichte der Frühen Neuzeit (Christian Pfister)

Gesellschaft

Bauern zwischen Bauernkrieg und Dreißigjährigem Krieg (André Holenstein)
1996. EdG 38
Bauern 1648–1806 (Werner Troßbach) 1992. EdG 19
Adel in der Frühen Neuzeit (Rudolf Endres) 1993. EdG 18
Der Fürstenhof in der Frühen Neuzeit (Rainer A. Müller) 1995. EdG 33
Die Stadt in der Frühen Neuzeit (Heinz Schilling) 1993. EdG 24
Armut, Unterschichten, Randgruppen in der Frühen Neuzeit
(Wolfgang von Hippel) 1995. EdG 34
Unruhen in der ständischen Gesellschaft 1300–1800 (Peter Blickle)
1988. EdG 1
Frauen- und Geschlechtergeschichte 1500–1800 (Heide Wunder)
Die Juden in Deutschland vom 16. bis zum Ende des 18. Jahrhunderts
(J. Friedrich Battenberg) 2001. EdG 60

Wirtschaft Die deutsche Wirtschaft im 16. Jahrhundert (Franz Mathis) 1992. EdG 11
Die Entwicklung der Wirtschaft im Zeitalter des Merkantilismus 1620–1800
(Rainer Gömmel) 1998. EdG 46
Landwirtschaft in der Frühen Neuzeit (Walter Achilles) 1991. EdG 10
Gewerbe in der Frühen Neuzeit (Wilfried Reininghaus) 1990. EdG 3
Kommunikation, Handel, Geld und Banken in der Frühen Neuzeit (Michael
North) 2000. EdG 59

Kultur, Alltag, Medien in der Frühen Neuzeit (Stephan Füssel)
Mentalitäten Bildung und Wissenschaft vom 15. bis zum 17. Jahrhundert (Notker Hammerstein) 2003. EdG 64
Bildung und Wissenschaft in der Frühen Neuzeit 1650–1800
(Anton Schindling) 2. Aufl. 1999. EdG 30
Die Aufklärung (Winfried Müller) 2002. EdG 61
Lebenswelt und Kultur des Bürgertums in der Frühen Neuzeit (Bernd Roeck)
1991. EdG 9
Lebenswelt und Kultur der unterständischen Schichten in der Frühen Neuzeit
(Robert von Friedeburg) 2002. EdG 62

Religion und Die Reformation. Voraussetzungen und Durchsetzung (Olaf Mörke)
Kirche Konfessionalisierung im 16. Jahrhundert (Heinrich Richard Schmidt)
1992. EdG 12
Kirche, Staat und Gesellschaft im 17. und 18. Jahrhundert (Michael Maurer)
1999. EdG 51
Religiöse Bewegungen in der Frühen Neuzeit (Hans-Jürgen Goertz)
1993. EdG 20

Politik, Staat Das Reich in der Frühen Neuzeit (Helmut Neuhaus) 2. Aufl. 2003. EdG 42
und Verfassung Landesherrschaft, Territorien und Staat in der Frühen Neuzeit (Joachim Bahlcke)
Die Landständische Verfassung (Kersten Krüger) 2003. EdG 67
Vom aufgeklärten Reformstaat zum bürokratischen Staatsabsolutismus
(Walter Demel) 1993. EdG 23
Militärgeschichte des späten Mittelalters und der Frühen Neuzeit
(Bernhard Kroener)

Staatensystem, Das Reich im Kampf um die Hegemonie in Europa 1521–1648 (Alfred Kohler)
internationale 1990. EdG 6
Beziehungen Altes Reich und europäische Staatenwelt 1648–1806 (Heinz Duchhardt)
1990. EdG 4

19. und 20. Jahrhundert

Demografie des 19. und 20. Jahrhunderts (Josef Ehmer) — Gesellschaft
Umweltgeschichte des 19. und 20. Jahrhunderts (N.N.)
Adel im 19. und 20. Jahrhundert (Heinz Reif) 1999. EdG 55
Geschichte der Familie im 19. und 20. Jahrhundert (Andreas Gestrich) 1998. EdG 50
Urbanisierung im 19. und 20. Jahrhundert (Klaus Tenfelde)
Soziale Schichtung, soziale Mobilität und sozialer Protest im 19. und 20. Jahrhundert (N.N.)
Von der ständischen zur bürgerlichen Gesellschaft (Lothar Gall) 1993. EdG 25
Die Angestellten seit dem 19. Jahrhundert (Günter Schulz) 2000. EdG 54
Die Arbeiterschaft im 19. und 20. Jahrhundert (Gerhard Schildt) 1996. EdG 36
Frauen- und Geschlechtergeschichte im 19. und 20. Jahrhundert (Karen Hagemann)
Die Juden in Deutschland 1780–1918 (Shulamit Volkov) 2. Aufl. 2000. EdG 16
Die Juden in Deutschland 1914–1945 (Moshe Zimmermann) 1997. EdG 43

Die Industrielle Revolution in Deutschland (Hans-Werner Hahn) — Wirtschaft
1998. EdG 49
Die deutsche Wirtschaft im 20. Jahrhundert (Wilfried Feldenkirchen) 1998. EdG 47
Agrarwirtschaft und ländliche Gesellschaft im 19. Jahrhundert (Stefan Brakensiek)
Agrarwirtschaft und ländliche Gesellschaft im 20. Jahrhundert (Ulrich Kluge)
Gewerbe und Industrie im 19. und 20. Jahrhundert (Toni Pierenkemper) 1994. EdG 29
Handel und Verkehr im 19. Jahrhundert (Karl Heinrich Kaufhold)
Handel und Verkehr im 20. Jahrhundert (Christopher Kopper) 2002. EdG 63
Banken und Versicherungen im 19. und 20. Jahrhundert (Eckhard Wandel) 1998. EdG 45
Staat und Wirtschaft im 19. Jahrhundert (bis 1914) (Rudolf Boch)
Staat und Wirtschaft im 20. Jahrhundert (Gerold Ambrosius) 1990. EdG 7

Kultur, Bildung und Wissenschaft im 19. Jahrhundert (Hans-Christof Kraus) — Kultur, Alltag und
Kultur, Bildung und Wissenschaft im 20. Jahrhundert (Frank-Lothar Kroll) Mentalitäten
2003. EdG 65
Lebenswelt und Kultur des Bürgertums im 19. und 20. Jahrhundert (Andreas Schulz)
Lebenswelt und Kultur der unterbürgerlichen Schichten im 19. und 20. Jahrhundert (Wolfgang Kaschuba) 1990. EdG 5

Formen der Frömmigkeit in einer sich säkularisierenden Gesellschaft (Karl Egon — Religion und
Lönne) Kirche
Kirche, Politik und Gesellschaft im 19. Jahrhundert (Gerhard Besier) 1998. EdG 48
Kirche, Politik und Gesellschaft im 20. Jahrhundert (Gerhard Besier) 2000. EdG 56

Der Deutsche Bund und das politische System der Restauration 1815–1866 — Politik, Staat,
(Jürgen Müller) Verfassung
Verfassungsstaat und Nationsbildung 1815–1871 (Elisabeth Fehrenbach) 1992. EdG 22

Politik im deutschen Kaiserreich (Hans-Peter Ullmann) 1999. EdG 52
Die Weimarer Republik. Politik und Gesellschaft (Andreas Wirsching) 2000. EdG 58
Nationalsozialistische Herrschaft (Ulrich von Hehl) 2. Auflage 2001. EdG 39
Die Bundesrepublik Deutschland. Verfassung, Parlament und Parteien (Adolf M. Birke) 1996. EdG 41
Militärgeschichte des 19. und 20. Jahrhunderts (Ralf Pröve)
Die Sozialgeschichte der Bundesrepublik Deutschland (Axel Schildt)
Die Sozialgeschichte der Deutschen Demokratischen Republik (Arnd Bauerkämper)
Die Innenpolitik der DDR (Günther Heydemann) 2003. EdG 66

Staatensystem, internationale Beziehungen

Die deutsche Frage und das europäische Staatensystem 1815–1871 (Anselm Doering-Manteuffel) 2. Aufl. 2001. EdG 15
Deutsche Außenpolitik 1871–1918 (Klaus Hildebrand) 2. Aufl. 1994. EdG 2
Die Außenpolitik der Weimarer Republik (Gottfried Niedhart) 1999. EdG 53
Die Außenpolitik des Dritten Reiches (Marie-Luise Recker) 1990. EdG 8
Die Außenpolitik der Bundesrepublik Deutschland (Hermann Graml)
Die Außenpolitik der DDR (Joachim Scholtyseck)

Hervorgehobene Titel sind bereits erschienen.

Stand: (März 2003)

www.ingramcontent.com/pod-product-compliance
Lightning Source LLC
Chambersburg PA
CBHW030249100426
42812CB00002B/377